经典私塾班

# 听傅老师讲《孟子》

傅佩荣◎著

中华书局

**图书在版编目(CIP)数据**

听傅老师讲《孟子》/傅佩荣著.—北京:中华书局,
2010.1

(经典私塾班)

ISBN 978 - 7 - 101 - 07130 - 6

Ⅰ.听… Ⅱ.傅… Ⅲ.孟子—通俗读物 Ⅳ.B222.5-49

中国版本图书馆 CIP 数据核字(2009)第 215102 号

| | |
|---|---|
| 书　　名 | 听傅老师讲《孟子》 |
| 著　　者 | 傅佩荣 |
| 丛 书 名 | 经典私塾班 |
| 责任编辑 | 宋志军　李洪超 |
| 出版发行 | 中华书局 |
| | (北京市丰台区太平桥西里 38 号　100073) |
| | http://www.zhbc.com.cn |
| | E-mail:zhbc@zhbc.com.cn |
| 印　　刷 | 北京未来科学技术研究所有限责任公司印刷厂 |
| 版　　次 | 2010 年 1 月北京第 1 版 |
| | 2010 年 1 月北京第 1 次印刷 |
| 规　　格 | 开本 /880×1230 毫米　1/32 |
| | 印张 7¼　插页 2　字数 80 千字 |
| 印　　数 | 1-20000 册 |
| 国际书号 | ISBN 978 - 7 - 101 - 07130 - 6 |
| 定　　价 | 17.00 元 |

# 经典私塾班总序

　　"经典"是古人智慧的结晶，而智慧代表人生经验的总结式体会，既完整又根本。因此，在学习经典时，入门阶段难免有其限制，也就是说，即使将经典内容熟读成诵，也未必明白其中的人生哲理。

　　于是，入门阶段所学的经典往往只是《论语》与《孟子》的部分篇章，以致对儒家的认识也还不够完整，更谈不上道家或更复杂的《易经》了。但是，随着人生阅历的增长，我们所需要的人生智慧也将日益高深开阔，然后终究要求助于更多的传统经典。

　　在这个"私塾班"里，我初步预计介绍的经典有五部，就是在大家熟知的《论语》《孟子》之外，加上《老子》《庄子》与《易经》。我的做法是：以白话文发挥上述经典中适合初学者学习的篇章，一方面希望这些材料现在就能配合他们的生活经验，提供参考与引导；另一方面则期许他们由此奠下基础，建立合宜的人生观，可以因应未来人生的挑战。

经由学习、理解与实践，经典有可能成为我们的护身符与指南针，使我们人生的每一步都走得安稳、自信而充满活力。但愿这几本小书扮演桥梁的角色，让您在品味经典之余，可以进而接触文本，将来承前启后，创造更卓越的传统。

傅佩荣

# 目录

**做个说话高手**

### 善于使用比喻

6　一暴十寒

8　良知良能

10　众楚人咻之

12　何待来年

14　缘木求鱼

16　杯水车薪

18　迁于乔木

20　五十步笑百步

22　见牛未见羊

24　鱼与熊掌

26　重作冯妇

28　大旱之望云霓

30　三年之艾

### 创造新的格言

34　事半功倍

36　绰绰有余

38　反求诸己

40　取友必端

42　与人为善

44　出尔反尔

46　自暴自弃

48　流连忘返

50　守望相助

52　有为者亦若是

54　不为与不能

56　心悦诚服

58　手舞足蹈

60　独乐乐不如众乐乐

62　兼善天下

听傅老师讲《孟子》

## 充实基本学识

66　爱好勇敢

68　爱好财物

70　爱好美色

72　未雨绸缪

74　忧心悄悄

76　殷鉴不远

78　播恶于众

80　心意最重要

82　赵孟之所贵

84　孟子谈诗

86　尽信书不如无书

## 展现核心思想

90　人性与善

92　心之四端

94　顺逆人性

96　水向下流

98　食色问题

100　求则得之

102　圣人与我

104　牛山之木

106　观其眸子

108　人禽之辨

110　效法尧舜

## 勇于择善固执

### 修养功夫示范

118　勇于对抗　　　　134　节制欲望
120　勇于无惧　　　　136　为人处事
122　勇于自反　　　　138　求其放心
124　浩然之气　　　　140　关于羞耻
126　揠苗助长　　　　142　考察心思
128　善于知言　　　　144　左右逢源
130　学习孔子　　　　146　真诚为上
132　天降大任

### 坚持人生正途

150　不是好辩　　　　162　不畏权贵
152　追随三圣　　　　164　有志之士
154　援之以道　　　　166　豪杰之士
156　不见诸侯　　　　168　肯定狂狷
158　民贵君轻　　　　170　批判乡愿
160　君臣相待　　　　172　三种快乐

## 效法圣贤典型

176　圣之清者

178　圣之任者

180　圣之和者

182　圣之时者

184　孔子从政

186　大人风范

188　为政之道

190　舜之大孝

192　人饥己饥

194　士的尊严

196　孔门弟子

198　养志为要

200　真诚相待

## 辨析义理之乐

204　修养六境

206　善是什么

208　信是什么

210　美是什么

212　大的意义

214　圣的意义

216　神的意义

218　天的功能

220　命的限制

222　乐莫大焉

听傅老师讲《孟子》

# 做个说话高手

个人生命的具体表现，在于言语及行动，而言语的传播力、感染力与影响力，又远远超过了行动。《易经》上说："出其言善，则千里之外应之……出其言不善，则千里之外违之。"在古代媒体不甚发达的情形下，已经可以如此说了，更何况是今日呢？

　　孔子教导学生时，侬学生的专长分为四科，就是：德行、言语、政事、文学。其中较少受到注意又最耐人寻味的，正是"言语"一科。当时列名此科的代表是宰我与子贡，我们在《论语》中也曾欣赏过他们的卓越口才。但是，真正足以彰显儒家言语特色的，还是要等到孟子。

　　孟子处于战国时代，天下大乱，善恶是非的价值观早已混淆不清。他也像孔子一样，周游列国，奔走呼号，希望在阐明人生道理时，可以唤醒人心的觉悟。可惜，杯水难救车薪之火，他在尽力而为之后，不免发出由衷的感叹："予岂好辩哉？予不得已也。"这句话透露了两点讯息：一是孟子显然知道并且承认自己是辩才无碍的；二是孟子与人辩论不是为了逞弄口才，而是有他不得已的理由，亦即哲学家的深刻使命感。

因此，阅读孟子的书，除了可以进一步认识儒家学说，还可以获得一项额外的好处，那就是学习成为一位现代的说话高手。说话属于人的本能，用以表达人的思想、情感与意愿，促成人际的沟通与了解；不过，相对于此，说话也会带来各种风波，引发人与人间的误会与争斗。所谓"说话高手"，自然是指一个人懂得"如何说"以及"说什么"了。我们不妨由这两点来省思孟子的精彩示范。

首先，就"如何说"来看，孟子善于使用比喻，并且创造了许多新的格言。譬如，梁惠王认为自己对百姓已经不错了，但是并未得到明显的绩效；孟子提醒他不要"以五十步笑百步"，就是打仗时逃跑五十步的人不要讥笑那些跑了一百步的人。齐宣王想要称霸天下而无意推行仁政，孟子警告他：那是"缘木求鱼"，是爬到树上去捉鱼，并且以后一定会有祸害。老百姓渴望仁政，有如"大旱之望云霓"，这种比喻本身就是一幅生动的画面。

孟子所创造的格言，直至今日依然深具活力。譬如，做事配合时机，将可"事半功倍"；考量自身处境，进退"绰绰有余"；行动遇到阻碍，不如"反求诸己"；追随有德之士，自然"心悦诚服"；努力实践仁义，不觉"手舞足蹈"。得意时，避免"流连忘返"；失意时，不可"自暴自弃"；为政不可"出尔反尔"，而须努力"兼善天下"。总之，"有为者亦若是"，一定要向上看齐。

其次，就"说什么"而言，不可缺少学问与见识。孟子对《诗经》与《书经》，可谓如数家珍，随时可以引述其中的资料来佐证他的观点。他的记忆力很好，理解力与诠释力更让人印象深刻。解诗时，兼顾情理而不拘泥，准确把握古人的心意；对于古书中所记，则说过"尽信书则不如无书"的话，期许人们重视经验及理性的运作。

至于孟子的见识，则其核心思想是"人性向善"。他强调人心有"四端"，亦即行善的力量由内而发，促使人去实践"仁、义、礼、智"。他以各种比喻与象征，再三说明人性是怎么回事，目的是要人觉悟自己内心即有价值的根源，而这是"天"赋予人的珍贵礼物。由此可以肯定人应该"舍生取义"，以此完成止于至善的要求，并且可以回应孔子所主张的"杀身成仁"。

# 善于使用比喻

# 一暴十寒

在学习的过程中，如果缺乏恒心，将会半途而废。孟子在强调恒心时，还考虑了专心的重要。我们在《三字经》中读到"子不学，断机杼"，就是描写孟子小时候念书分心，停止朗诵，孟母就以剪断织线来警示他。

孟子周游列国期间，曾经担任齐国的客卿，扮演顾问的角色。他对齐宣王悉心开导，但是成效有限。他分析原因，说："对于大王的不明智，不必觉得奇怪。即使有天下最容易生长的东西，如果晒它一天，再冻它十天，没有能够生长的。我与大王相见的次数太少了，我一离开，那些给他浇冷水的人就来了，我对他刚萌芽的一点善心又能有什么帮助呢？"齐宣王的处境就是"一暴十寒"。

孟子接着说：即使是学习下棋，一个人在听老师讲解时，"一心以为有只天鹅快要飞来，而想拿起

弓箭去射它。这样，虽然与别人一起学习，成绩却
不如别人，这是因为他的智力不如别人吗？我会说：
不是这样的。"

　　齐宣王偶尔听孟子说一次话，有如曝晒于阳光
之下，但是接着就有许多大臣来浇冷水。试问他又
怎能改善呢？但是，责任依然在于大王自己，因为
他无法专心致志，学习效果并不理想。

　　**原文**

　　孟子曰："无或乎王之不智也。虽有天下易生之物也，
一日暴（pù）之，十日寒之，未有能生者也。吾见亦罕矣，
吾退而寒之者至矣，吾如有萌焉何哉？今夫弈之为数，小
数也；不专心致志，则不得也。弈秋，通国之善弈者也。
使弈秋诲二人弈，其一人专心致志，惟弈秋之为听；一人
虽听之，一心以为鸿鹄将至，思援弓缴（zhuó）而射之，
虽与之俱学，弗若之矣。为是其智弗若与？曰：非然也。"

（《告子篇上》）

# 良知良能

"良知良能"是孟子著名的说法，值得我们认真探讨。他说："人不经学习就能做的，那是良能；不用思考就知道的，那是良知。年幼的孩童，没有不知道要爱慕父母的；长大以后，没有不知道要敬重兄长的。爱慕父母，属于仁德；敬重兄长，属于义行。这没有别的原因，因为这两种品德是天下通行的。"

由此可见，"良知良能"是指：一个人在年幼时"本来就知道、本来就会做"的事。试问："知道"与"会做"善的行为（如仁德与义行），就等于已经是善了吗？答案很清楚：并不等于。孟子强调的只是：行善是出于人"本来"就有的内在要求。他并不是说：良知良能就是善。

换言之，人有良知良能，就像其他动物各有其生存的特殊能力。但是，人的这种良知良能，即是要求实践仁义。也就是说：人在谋求生存与发展之外，还有一个特别属于人类的目标，如果忽略这个目标，则人与其他动物就没有什么差别了。这个目标就是实践仁义。

如果追问为什么人类会有这样的目标，则孟子的答案就是：因为人有良知良能。人本来就有这样的生命状态与自然要求。**要做人，就必须顺从及实践此一良知良能。**

良知良能

**原文**

孟子曰："人之所不学而能者，其良能也；所不虑而知者，其良知也。孩提之童，无不知爱其亲者；及其长也，无不知敬其兄也。亲亲，仁也；敬长，义也。无他，达之天下也。"（《尽心篇上》）

# 众楚人咻之

想要学会外文的人，应该仔细聆听孟子的建议。他说："假定有一位楚国大夫想让他的儿子学习齐国话，那么是请齐国人来教？还是请楚国人来教？"答案很清楚，要请齐国老师。

但是，"一个齐国人教他，许多楚国人干扰他，即使天天鞭打来逼他说齐国话，也不可能做到"。我们学习英文就有类似的情况。反之，"如果带他到齐国都城的街坊住上几年，即使天天鞭打来逼他说楚国话，也不可能做到"。这是因为周围都是讲齐国话的人，他也就习惯成自然了。

因此，学习任何一种语言，都不能忽略环境及应用的机会。不过，孟子所谓的"一齐人傅之，众楚人咻之"，其实是个比喻，浅显易懂，目的是要提醒宋国大臣戴不胜："你说薛居州是个好人，让他住在大王宫中。如果大王宫中，不论年纪大小、地位高低，都是薛居州那样的人，大王能同谁去做坏事呢？如果大王宫中，不论年纪大小、地位高低，都不是薛居州那样的人，大王能同谁去做好事呢？单靠一个薛居州，能对宋王起什么作用呢？”因此，我们要多多结交优秀的朋友，让自己也能变得优秀。

原文

孟子谓戴不胜曰：“子欲子之王之善与？我明告子。有楚大夫于此，欲其子之齐语也，则使齐人傅诸？使楚人傅诸？”曰：“使齐人傅之。”曰：“一齐人傅之，众楚人咻（xiū）之，虽日挞而求其齐也，不可得矣；引而置之庄岳之间数年，虽日挞而求其楚，亦不可得矣。子谓薛居州善士也，使之居于王所。在于王所者，长幼卑尊皆薛居州也，王谁与为不善？在王所者，长幼卑尊皆非薛居州也，王谁与为善？一薛居州，独如宋王何？”（《滕文公篇下》）

# 何待来年

"习惯是第二天性"，一旦养成习惯，要改变就很困难了。然而，在成长过程中，我们不能向坏习惯屈服，而要努力改弦更张。孟子的看法是：**只要明白一件事是该做的，就须立即去做，千万不可推托。**且举一例说明。

宋国大夫戴盈之说："实施十分抽一的税率，免除关卡和市场上的征税，今年还做不到，预备减轻一些，等到明年再停止旧的做法，这样如何？"

孟子说："譬如一个人每天偷邻居一只鸡，别人对他说：'这不是君子的作为。'他说：'预备减少一些，每月偷一只鸡，等到明年再停止偷鸡。'如果知道哪种事不合道义，就赶快停止算了，为什么要等到明年？"

对一个国家来说，改变税制是件大事，但是孟子依然认为应该立即改善，不能找借口去慢慢修正。

对一个人来说，只要发觉自己染上某种恶习，可以宣称要慢慢改正吗？有些事情可以慢慢来，譬如学习要按部就班，做事要井然有序，排队上车更不可以争先；但是，在面对自己的错误行为时，却要快刀斩乱麻，以今日之我与昨日之我决战，给自己一个重新出发的机会。每隔一段时日，自我反省时，就要考虑孟子所谓的"何待来年"。

## 原文

戴盈之曰："什一，去关市之征，今兹未能，请轻之，以待来年，然后已，何如？"孟子曰："今有人日攘其邻之鸡者，或告之曰：'是非君子之道。'曰：'请损之，月攘一鸡，以待来年，然后已。'如知其非义，斯速已矣，何待来年？"（《滕文公篇下》）

# 缘木求鱼

做任何事情，都有正确的方法。譬如，我希望结交益友，那么就须真诚而守信；想要受人重用，就须增强智能，并且认真负责。对经常需要考试的学生来说，除了上课专心与用功念书之外，还有什么更好的办法呢？

孟子与齐宣王谈话时，宣王一直不肯说出他心中最大的愿望。孟子在旁敲侧击之后，直截了当地指出："那么，大王最大的愿望就可以知道了。您是想开拓疆土，让秦国与楚国都来朝贡，君临天下并且安抚四周的外族。"这种愿望其实是战国时代的诸侯所共有的，但是谁能成功呢？正确的方法又是什么？

孟子接着说："然而，以您的做法去追求您的愿望，就好像爬到树上去捉鱼一样。"想要捉鱼，当然应该去鱼池捕捞，怎么可以爬上树呢？孟子以浅显的比喻，提醒齐宣王不能只想用武力与各国征战。如果使用武力，即使一时战胜了，也无法长治久安。想要统治天下，只有推行仁政，就是照顾百姓，减轻赋税，与民偕乐。

　　缘木求鱼不会成功，但是并无严重的后患。**我们做事如果用错方法，那么除了浪费了宝贵的时间之外，往往还会造成其他的困扰，怎能不慎重呢？**

## 原文

　　〔孟子〕曰："然则王之大欲可知已。欲辟土地，朝秦、楚，莅中国而抚四夷也。以若所为，求若所欲，犹缘木而求鱼也。"王曰："若是其甚与？"曰："殆有甚焉。缘木求鱼，虽不得鱼，无后灾。以若所为，求若所欲，尽心力而为之，后必有灾。"（《梁惠王篇上》）

# 杯水车薪

古代的人用五种素材来总括自然界的成分，称之为"五行"，就是金、木、水、火、土。五行之间，有相互产生与相互克制的关系，譬如，水可以克火，这是大家都熟知的常识。但是在此不可忽略一点，就是"量"的问题。

孟子说："仁德战胜不仁德，就像水战胜火一样。现在实践仁德的人，就像用一杯水去救一车木柴的火；火没有熄灭，就说这是水不能战胜火。这样就给了不仁德最大的助力，最后连原先的一点点仁德也会丧失的。"

一整车的木材着火时，至少需要十几桶水才可将火扑灭。如果只靠一杯水，根本无济于事，我们又怎能就此论断水无法克火呢？这个比喻并不难懂。比喻的目的是要让人了解说话的主题与重点。孟子所谈的是：各国诸侯在争霸天下时，往往急功近利，即使知道仁德将会胜过不仁德，却缺乏耐心；看到自己做了几件好事却没有立即出现惊天动地的效果，就以为行仁是无用的。

战国时代的形势愈演愈烈，各国都是为达目的而不择手段，以致连年征战，民不聊生。孟子到处奔走呼号，希望诸侯了解仁政才是根本的治国原理。可惜的是，他的呼吁在当时的处境中，也像是杯水车薪啊！

原文

孟子曰："仁之胜不仁也，犹水胜火。今之为仁者，犹以一杯水救一车薪之火也；不熄，则谓之水不胜火。此又与于不仁之甚者也，亦终必亡而已矣。"（《告子篇上》）

# 迁于乔木

朋友搬家时，我们祝贺他"乔迁之喜"。"乔迁"一词，正是出于孟子使用的比喻。他原来说的是："我只听说有从幽暗山谷飞出来，迁移到高大的树木上的，没有听说从高大树木飞下来，迁移到幽暗山谷中的。"

他为什么这样说呢？当时有一位楚国学者陈相，来到滕国之后，见到农家学者许行，非常高兴，"就完全抛弃以前所学的，改向许行学习"。农家主张农业最重要，君臣都应该一起耕田；亦即，"真正贤明的君主应该与百姓一起耕种养活自己，一面烧火做饭，一面治理百姓"。换言之，每个人都应该从事最基本的工作。

如此一来，大家过着纯朴而自然的生活，有如理想中的大同社会。但是，孟子认为这纯粹是个幻想。他说："一个人身上的用品，要靠各种工匠来制作才能齐备，如果一定要自己制作而后使用，那将率领天下人疲于奔命了。"因此，社会必须分工合作，并且经由教育来提升人的素质。

陈相曾经是楚国儒者陈良的学生，现在却改向许行学习。孟子不以为然，认为他的做法是"下乔木而入于幽谷"。**儒家肯定社会上每一种工作都有价值，而人们应该努力的是实践伦理要求，在人生过程中择善固执。**

### 原文

陈相见许行而大悦，尽弃其学而学焉。陈相见孟子，道许行之言曰："滕君，则诚贤君也；虽然，未闻道也。贤者与民并耕而食，饔飧（yōngsūn）而治。"……

〔孟子曰：〕"然则治天下独可耕且为与？有大人之事，有小人之事。且一人之身，而百工之所为备，如必自为而后用之，是率天下而路也。故曰：或劳心，或劳力；劳心者治人，劳力者治于人；治于人者食人，治人者食于人，天下之通义也。……吾闻出于幽谷迁于乔木者，未闻下乔木而入于幽谷者。"（《滕文公篇上》）

# 五十步笑百步

　　翻开《孟子》一书，第一篇的名称是《梁惠王篇》。梁惠王就是魏惠王，在战国中期很想有一番作为。

　　他对孟子说："我对于国事，真是用尽心力了。河内发生饥荒，就把部分百姓迁到河东，又把河东的部分粮食运到河内。河东发生饥荒，也依类似方式来做。考察邻国的政务，没有哪个国君像我这么用心的；但是，邻国的百姓并未减少，我国的百姓并未增多。这是什么缘故呢？"

　　孟子回答说："大王喜欢战争，就用战争来作比喻。战鼓咚咚响起，刀刃剑锋相碰，就有士兵丢掉盔甲拖着兵器逃跑。有的跑了一百步才停下来，有的跑了五十步就停下来。那些跑五十步的嘲笑那些跑一百步的，说得过去吗？"梁惠王说："不可以的，只不过没有跑到一百步罢了，这同样是逃跑啊。"

孟子的比喻在说什么？他的意思是：梁惠王自认为比别的国君好，就是"以五十步笑百步"。只要一个国君不推行仁政，那么即使他偶尔大发慈悲，施恩于百姓，也不会产生明显而重大的效果。梁惠王知道"以五十步笑百步"是不对的，但是他并未觉察自己正处于此一情境中。孟子的比喻再怎么生动，又能有多大的作用呢？

　　**原文**

　　梁惠王曰："寡人之于国也，尽心焉耳矣。河内凶，则移其民于河东，移其粟于河内；河东凶亦然。察邻国之政，无如寡人之用心者；邻国之民不加少，寡人之民不加多，何也？"孟子对曰："王好战，请以战喻。填然鼓之，兵刃既接，弃甲曳兵而走。或百步而后止，或五十步而后止。以五十步笑百步，则何如？"曰："不可，直不百步耳，是亦走也。"（《梁惠王篇上》）

# 见牛未见羊

　　齐宣王坐在堂上，有人牵着一头牛从堂下经过。大王问道："牛要牵到哪里去？"那人回答："要用它来祭钟。"大王说："放了它吧！我不忍心看它恐惧发抖的样子，好像没有犯罪就被置于死地。"那人便问："那么，要废除祭钟的仪式吗？"大王说："怎么可以废除呢？用羊来代替它吧！"

　　这件事传开来之后，齐国百姓窃窃私语，说大王真是吝啬，用比较便宜的羊来代替牛。大王听到这样的批评，自然觉得十分委屈。

　　孟子对他说："大王不必责怪百姓以为您吝啬。用小的代替大的，他们怎么了解您的想法？大王如果可怜它没有犯罪就被置于死地，那么牛和羊又有什么分别呢？"换言之，孟子认为齐宣王是"见牛未见羊"；如果大王见到羊在发抖，应该也会饶它一命的。

但是问题来了，"现在恩惠能够推广到禽兽身上，可是功绩却照顾不到百姓，到底是怎么回事呢"？如果大王看到百姓因为战争、饥荒、剥削而陷于生离死别的痛苦中，难道不会心生怜悯吗？同情牛羊而无法体恤百姓，这实在是不分本末轻重到了极点。

## 原文

〔孟子〕曰："臣闻之胡龁（hé）曰，王坐于堂上，有牵牛而过堂下者，王见之，曰：'牛何之？'对曰：'将以衅钟。'王曰：'舍之！吾不忍其觳觫（húsù），若无罪而就死地。'对曰：'然则废衅钟与？'曰：'何可废也？以羊易之！'不识有诸？"曰："有之。"曰："是心足以王矣。百姓皆以王为爱也，臣固知王之不忍也。"王曰："然，诚有百姓者。齐国虽褊（biǎn）小，吾何爱一牛？即不忍其觳觫，若无罪而就死地，故以羊易之也。"曰："王无异于百姓之以王为爱也。以小易大，彼恶知之？王若隐其无罪而就死地，则牛羊何择焉？"（《梁惠王篇上》）

# 鱼与熊掌

　　人生是不断选择的过程。有些事情形成习惯，选择起来并不费力；但是遇到像升学、谋职、交友、结婚之类的大事，就须仔细衡量了。

　　孟子谈起另外一种选择，就是：在遇到一件该做的事，但却有可能付出极大代价，甚至有可能死亡的，那么要如何选择呢？他还是先说个比喻，再引入正题。

　　孟子说："鱼是我所想要的，熊掌也是我所想要的；两者如果不能一并获得，就放弃鱼而选择熊掌。生存是我所想要的，义行也是我所想要的；两者如果不能同时兼顾，就放弃生存而选择义行。"

　　我们对鱼的美味较为熟悉，对熊掌则并不清楚，况且今天的保护观念也反对我们食用熊掌。在此暂且假定熊掌是天下美味，但是这样可以帮助我们了解为什么要"舍生取义"吗？显然还有所不足。所以，孟子接着强调：人们"所想要的还有超过生存的，所厌恶的还有超过死亡的"。

譬如，因为做了不义之事，以致受到众人耻笑，那不是比死亡还痛苦吗？反之，由于做了正当的事而对社会有所贡献，那么即使因而死亡，也将毫无怨言。孟子对人格尊严的肯定，值得我们多加省思。

**原文**

孟子曰："鱼，我所欲也，熊掌亦我所欲也；二者不可得兼，舍鱼而取熊掌者也。生亦我所欲也，义亦我所欲也；二者不可得兼，舍生而取义者也。生亦我所欲，所欲有甚于生者，故不为苟得也；死亦我所恶，所恶有甚于死者，故患有所不辟也。"（《告子篇上》）

# 重作冯妇

孟子在齐国担任顾问期间，齐国发生了饥荒。他的学生陈臻说："国内的人都以为先生会再度劝说齐王打开棠的粮仓来救济；大概不会再这么做了吧！"

孟子说："再这样做就成为冯妇了。晋国有个叫冯妇的人，善于打老虎，后来改而行善，士人都效法他。有一次，野外有许多人在追逐一只老虎，老虎跑到背靠山角的地方，没有人敢触犯它。人们远远看见了冯妇，就快步上前迎接。冯妇挽起袖子、伸出手臂，下车要去打老虎，大家都很高兴，但是他却被士人所嘲笑。"

冯妇以前是打虎英雄，在社会上有示范作用，所以他改而行善之后，会有士人起而效法。也正因为如此，他后来重操旧业，会受到士人嘲笑。孟子以此自喻，表示他不想"重作冯妇"，再度向齐王进言，以开仓救民。理由是：齐王如果自己不知汲取教训，每遇饥荒都要等孟子建议之后才去赈济百姓，那么齐国的政治又怎么可能上轨道呢？

冯妇以前打虎，现在行善，因为人必须不断成长。孟子以前所作的建议，如果一再重复，又怎能为国君设想更根本的国家政策呢？相对于此，国君如果不知长进，就只能永远做个老的冯妇了。

### 原文

齐饥。陈臻曰："国人皆以夫子将复为发棠；殆不可复！"孟子曰："是为冯妇也。晋人有冯妇者，善搏虎，卒为善，士则之。野有众逐虎，虎负嵎（yú），莫之敢撄（yīng）。望见冯妇，趋而迎之。冯妇攘臂下车，众皆悦之，其为士者笑之。"（《尽心篇下》）

# 大旱之望云霓

孟子在齐国时，发生了一件大事，那就是齐国讨伐并且占领了燕国。燕国当时陷于争夺君位的混乱中，齐国派兵前去时，居民打开城门欢迎，结果齐军五十天就控制了全局。齐宣王不听孟子的劝告，径自占领燕国。接着引发各国诸侯的不满，计划合力来攻打齐国。

齐宣王问孟子："很多诸侯商议要来攻打我，怎么对付呢？"孟子一向认为武力不能解决问题，于是引述商汤的一段历史，说商汤起兵时，"天下的人都信赖他，他向东方征伐，西边的夷人就抱怨；他向南方征伐，北边的狄人就抱怨，说：'为什么把我们放在后面？'百姓盼望他，就像久旱时盼望乌云与虹霓一样"。

何以如此？因为夏桀是个暴君，而商汤以仁德而知名于世。如果是以暴易暴，百姓为什么要支持你呢？"天下各国本来就害怕齐国强大，现在齐国土地增加一倍又不施行仁政，那是自己在招致各国兴兵动武啊。"

这个道理很清楚，但是齐宣王依然听不进去。齐国占领了燕国，两年之后燕国人起来赶走了齐国军队。像"大旱之望云霓"这么生动的比喻，齐宣王也不为所动，孟子又能怎么办呢?

### 原文

齐人伐燕，取之。诸侯将谋救燕。宣王曰："诸侯多谋伐寡人者，何以待之?"孟子对曰："臣闻七十里为政于天下者，汤是也。未闻以千里畏人者也。《书》曰：'汤一征，自葛始。'天下信之。'东面而征，西夷怨；南面而征，北狄怨，曰：'奚为后我?'民望之，若大旱之望云霓也。归市者不止，耕者不变。诛其君而吊其民，若时雨降，民大悦。《书》曰：'徯我后，后来其苏。'今燕虐其民，王往而征之。民以为将拯己于水火之中也，箪食壶浆，以迎王师。若杀其父兄，系累其子弟，毁其宗庙，迁其重器，如之何其可也? 天下固畏齐之强也，今又倍地而不行仁政，是动天下之兵也。王速出令，反其旄倪，止其重器，谋于燕众，置君而后去之，则犹可及止也。"(《梁惠王篇下》)

# 三年之艾

国君推行仁政，不可能短短几天就有绩效。孟子以古人治病的一种方法来作比拟。古人以艾草治病，艾草保存得越久，则其效果越大。

孟子说："现在想要称王天下的人，就像患了七年的病要用存放三年的艾草医治。如果不开始积存，就终身都得不到。如果不立志行仁，就终身忧愁受辱，以至于死亡。"

国君能否下定决心，以三年的时间来推行仁政呢？所谓仁政，其实就是为民服务，"他们想要的，替他们聚集起来；他们厌恶的，不加在他们身上，如此而已。百姓归向仁德，就像水往下流，野兽奔向旷野一样"。

孟子使用比喻的功力真是高人一等，他接着说："所以，替深水赶来鱼的，是水獭；替树丛赶来鸟雀的，是鹞鹰；替商汤、周武王赶来百姓的，是夏桀与商纣。如果现在天下的君主有爱好仁德的，那么其他诸侯就会替他赶来百姓。即使他不想称王天下，也是不可能的。"

**我们学习任何知识与技能，也需要长期的努力，才会得到可观的成绩。**立志加上恒心，天下还有什么难事呢？"三年之艾"的启发是十分深刻的。

原文

孟子曰："桀、纣之失天下也，失其民也；失其民者，失其心也。得天下有道：得其民，斯得天下矣。得其民有道：得其心，斯得民矣。得其心有道：所欲与之聚之，所恶勿施，尔也。民之归仁也，犹水之就下，兽之走圹(kuàng) 也。故为渊驱鱼者，獭也；为丛驱爵者，鹯(zhān) 也；为汤武驱民者，桀与纣也。今天下之君有好仁者，则诸侯皆为之驱矣。虽欲无王，不可得已。今之欲王者，犹七年之病求三年之艾也。苟为不畜，终身不得。苟不志于仁，终身忧辱，以陷于死亡。《诗》云：'其何能淑，载胥及溺。'此之谓也。"（《离娄篇上》）

# 创造新的格言

# 事半功倍

做任何事情，都要考虑时机、条件与方法。譬如，齐国想要称王天下，孟子认为"时机"很好，因为"仁德的君主不出现，没有比现在等得更久的；百姓受暴政压迫的痛苦，没有比现在更严重的"。

那么，齐国的"条件"如何？孟子说："夏、商、周三代兴盛时，土地没有超过纵横各一千里的，现在齐国就有这么大的地方了；鸡鸣狗叫互相听闻，一直达到四周的边境，齐国有这么多百姓了。土地不必再开拓，百姓不必再增加，施行仁政而称王天下，没有人能够阻挡得住。"

至于"方法"，则很简单，就是孟子一再强调的仁德。他说："孔子说：'德政的流行，比驿站传达政令还要快。'现在这个时候，拥有万辆兵车的大国施行仁政，百姓的喜悦就像解除了倒悬的痛苦一样。所以，事情做到古人的一半，功效必定是古人的一倍，只有在这个时候才是如此。"

我们听到"事半功倍"一词，难免心生羡慕，希望自己在学习与处世方面都能产生这种奇效。不过，**如果不仔细分辨时机与条件，并且把握合宜的方法，很可能结果变成"事倍功半"，那就得不偿失了。**

## 原文

〔孟子〕曰："……夏后、殷、周之盛，地未有过千里者也，而齐有其地矣；鸡鸣狗吠相闻，而达乎四境，而齐有其民矣。地不改辟矣，民不改聚矣，行仁政而王，莫之能御也。且王者之不作，未有疏于此时者也；民之憔悴于虐政，未有甚于此时者也。饥者易为食，渴者易为饮。孔子曰：'德之流行，速于置邮而传命。'当今之时，万乘之国行仁政，民之悦之，犹解倒悬也。故事半古之人，功必倍之，惟此时为然。"（《公孙丑篇上》）

# 绰绰有余

孟子向齐国大夫蚳鼃说："你辞去灵丘县长的职位，请求担任司法官，似乎是对的，因为可以向大王进言。现在过了几个月了，还不可以进言吗?"蚳鼃向大王进谏而不被采纳，他就辞官走了。齐国有人说："孟子为蚳鼃考虑的倒是很好，他怎么为自己考虑，我就不知道了。"

这种批评的意思是：蚳鼃的表现很有风骨，将会得到大家的称赞；但是，孟子在齐国担任顾问，为什么没有类似的作为呢?

公都子是孟子的学生，他向孟子报告这番批评之后，孟子说："我听说过：有固定官位的，无法行使职权就该离去；有进言责任的，无法以言进谏就该离去。我既没有固定官位，也没有进言责任，那么我的行动要进要退，不是宽绰而大有余地吗?"

孟子知道自己的身份与角色，所以不会动不动就以辞职来表达心意。他并不在乎别人主观的批评。因为别人未必了解他的处境。他的进退，就是"绰绰有余"的。**我们今天若想做到绰绰有余，必须先充实自己的条件，并且衡量所要面对的挑战。**常常自问：在某些情况下，别人显得轻松自在，我们为什么紧张万分呢？

37

绰绰有余

## 原文

孟子谓蚔鼃（chíwā）曰："子之辞灵丘而请士师，似也，为其可以言也。今既数月矣，未可以言与？"蚔鼃谏于王而不用，致为臣而去。齐人曰："所以为蚔鼃则善矣；所以自为，则吾不知也。"公都子以告。曰："吾闻之也：有官守者，不得其职则去；有言责者，不得其言则去。我无官守，我无言责也，则吾进退，岂不绰绰然有余裕哉？"

（《公孙丑篇下》）

# 反求诸己

在事与愿违的情况下，我们很容易找借口为自己辩解。孟子对此提出"反求诸己"的观点。

他说："爱护别人，别人却不来亲近，就要反问自己仁德够不够；治理别人，别人却不上轨道，就要反问自己明智够不够；礼貌待人，别人却没有回应，就要反问自己恭敬够不够。行为没有得到预期效果的都要反过来要求自己，自己端正了，天下的人就会来归附。《诗经》上说：'永远配合天命，自己求得更多的幸福。'"

这段话是针对国君而说的，但是，"行有不得者皆反求诸己"一语，则是人人可以参考的座右铭。孟子在别处也提及过这句格言。他认为，"仁德"是天所赋予的尊贵爵位，是人所拥有的安定住宅。因此，人生除了行仁，没有其他正途可走。他接着说："行仁的人有如比赛射箭：射箭的人端正自己的姿势再发箭；如果没有射中，不抱怨胜过自己的人，而要反过来在自己身上寻找原因。"

**我们在求学期间，如果功课不理想，不是应该反求诸己吗？我们与人相处，如果产生误会，不是应该反求诸己吗？我们负责的工作，如果没有办成，又有什么比反求诸己更好的方法呢？**

### 原文

孟子曰："爱人不亲，反其仁；治人不治，反其智；礼人不答，反其敬。行有不得者皆反求诸己，其身正而天下归之。《诗》云：'永言配命，自求多福。'"（《离娄篇上》）

孟子曰："……夫仁，天之尊爵也，人之安宅也。……仁者如射：射者正己而后发；发而不中，不怨胜己者，反求诸己而已矣。"（《公孙丑篇上》）

# 取友必端

　　逢蒙向后羿学习射箭，完全学会了后羿的技术，他想到天下只有后羿比自己强，于是谋害了后羿。孟子说："这件事，后羿也有过错。"为什么呢？因为后羿在选择学生时，只看能力而忽略品德。事实上，后羿自己品德有问题，所交往的朋友自然也是同类的。

　　接着，孟子叙述一段故事。郑国派子濯孺子侵犯卫国，卫国派庾公之斯追击他。子濯孺子说："今天我旧病发作，不能拿弓，我活不成了。"接着问驾车的人："追赶我的是谁？"驾车的人回答说："是庾公之斯。"子濯孺子说："我可以活命了。"理由是："庾公之斯向尹公之他学习射箭，尹公之他又向我学习射箭。尹公之他是个正派的人，他选择朋友一定也是正派的人。"

　　果然，庾公之斯追上来，问明缘由之后说："我向尹公之他学习射箭，尹公之他向您学习射箭，我不忍心用您传授的技术反过来伤害您。但是，今天的事是国君交代的，我不敢不办。"说完就抽出箭来，往车轮上敲，去掉箭头之后，发射四箭就转身回去了。

正派的人"取友必端"，以道义互相期许。这也合乎孔子所谓的"友直"（与正直的人交往）。因此，**如果朋友的表现不理想，我们也须自我检讨。**

原文

逄（péng）蒙学射于羿，尽羿之道，思天下惟羿为愈己，于是杀羿。孟子曰："是亦羿有罪焉。"公明仪曰："宜若无罪焉。"曰："薄乎云尔，恶得无罪？郑人使子濯孺子侵卫，卫使庾公之斯追之。子濯孺子曰：'今日我疾作，不可以执弓，吾死矣夫！'问其仆曰：'追我者谁也？'其仆曰：'庾公之斯也。'曰：'吾生矣。'其仆曰：'庾公之斯，卫之善射者也；夫子曰吾生，何谓也？'曰：'庾公之斯学射于尹公之他，尹公之他学射于我。夫尹公之他，端人也，其取友必端矣。'庾公之斯至，曰：'夫子何为不执弓？'曰：'今日我疾作，不可以执弓。'曰：'小人学射于尹公之他，尹公之他学射于夫子。我不忍以夫子之道反害夫子。虽然，今日之事，君事也，我不敢废。'抽矢，扣轮，去其金，发乘矢而后反。"（《离娄篇下》）

# 与人为善

孟子称赞子路与禹，因为："子路，别人指出他的过错，他就欢喜。禹，听到良善的言词就拜谢。"这两人的表率，形成了两句格言，就是"闻过则喜"与"闻善则拜"。能以这种态度与人相处，自己一定会不断改善的。

接着，孟子说："伟大的舜更是了不起，善行与别人分享，舍弃自己而追随别人，乐于吸取别人的优点来自己行善。从当农夫、陶工、渔夫，直到成为天子，没有一项优点不是向别人学来的。吸取众人的优点来自己行善，就是偕同别人一起行善。所以君子最高的楷模就是偕同别人一起行善。"

舜是明智而心胸开放的人，只要看到别人的优点，就立即效法，因此不论为人与处事，都能集合众善成为完美的典型。别人看他这么做，也会乐于坚持走在行善的路上。儒家所谓的善，是指"我与别人之间适当关系之实现"，因此，我在行善时，必然会形成良性循环，促使相关的人一起行善，结果则是整体社会日益安定与和谐。

我们今天使用"与人为善"一词，意思偏向不要为难别人，近似不辨是非的好好先生。这并非孟子的原意。**孟子希望我们偕同别人一起行善，并且要择善固执。**

### 原文

　　孟子曰："子路，人告之以有过，则喜。禹闻善言，则拜。大舜有大焉，善与人同，舍己从人，乐取于人以为善。自耕稼、陶、渔以至为帝，无非取于人者。取诸人以为善，是与人为善者也。故君子莫大乎与人为善。"（《公孙丑篇上》）

# 出尔反尔

今天所谓的"出尔反尔",是指一个人说话之后自己反悔了,简直是不讲信用。但是,这句成语的原意究竟如何?请看下面这段资料。

邹国与鲁国发生冲突,邹穆公问:"我的官吏死了三十三人,而百姓没有一个肯为长官赴死的。杀了他们吧,没有办法杀光;不杀他们吧,又痛恨他们看着自己的长官被杀而不去救,怎么办才好呢?"

孟子回答说:"遇到灾荒的年头,您的百姓,年老体弱的饿死在田沟山溪中,年轻力壮的逃散到四方去,大概有上千人了;然而您的谷仓中堆满粮食,府库中装满财物,官吏却没有人向您报告,这是对上怠慢国君,对下残害百姓。曾子说过:'警惕啊,警惕啊!你所做的事,后果会报复到你的身上。'百姓现在才有报复的机会。您不要责怪他们了!您若施行仁政,百姓就会亲近他们的长官,并且为长官赴死了。"

　　由此可知，"出尔反尔"是提醒人不要做坏事，否则会有自食恶果的一天。**人间并无完全公平的报应，但是言行的善恶，依然会在自己身上产生效应，我们又怎能不谨慎呢？**今日以"出尔反尔"批评人缺乏诚信，也值得我们省思。

　　**原文**

　　邹与鲁哄。穆公问曰："吾有司死者三十三人，而民莫之死也。诛之，则不可胜诛；不诛，则疾视其长上之死而不救，如之何则可也？"孟子对曰："凶年饥岁，君之民老弱转乎沟壑，壮者散而之四方者，几千人矣；而君之仓廪实，府库充，有司莫以告，是上慢而残下也。曾子曰：'戒之戒之！出乎尔者，反乎尔者也。'夫民今而后得反之也。君无尤焉！君行仁政，斯民亲其上，死其长矣。"（《梁惠王篇下》）

# 自暴自弃

依字面看来，"自暴自弃"的意思，是指一个人"残害及放弃自己"。我们以此描写一个人不知上进，自甘堕落，并且在邪路上愈陷愈深。孟子最初使用这一词语时，意思更为深刻。

孟子说："残害自己的人，不可能同他商议事情；放弃自己的人，不可能同他有所作为。说话诋毁礼制与义行，就叫做残害自己；认为自己不能以仁居心、由义而行，就叫做放弃自己。"由此可知，"自暴"是指诋毁礼制与义行；"自弃"是指认为自己做不到仁德与义行。这两点所针对的并非念书考试的成绩，或处理事务的能力，而是一个人的品德修养。

以品德修养来说，每一个人站在同样的立足点上，具备同样的条件。孟子说："仁德，是人类安稳的住宅；义行，是人类正当的道路。空着安稳的住宅不去住，舍弃正当的道路不去走，真是可悲啊！"

　　因此，**在言行表现方面违背仁与义的，就是自暴自弃的人。**对于这样的人，任何老师都将束手无策。化解之道，则在重新觉悟天赋的"向善"能力，认清仁与义是人生唯一的坦途。

原文

　　孟子曰："自暴者，不可与有言也；自弃者，不可与有为也。言非礼义，谓之自暴也；吾身不能居仁由义，谓之自弃也。仁，人之安宅也；义，人之正路也。旷安宅而弗居，舍正路而不由，哀哉！"（《离娄篇上》）

# 流连忘返

孟子熟读古籍，经常引述历史故事来警示国君。他在齐国时，看到齐宣王耽溺于物质生活的享受，就讲了一段春秋时代齐国的事迹，亦即齐景公与贤相晏婴之间的对话。

齐景公想要仿效古代圣王，游览巡视境内的名山，就向晏子请教正确的做法。晏子首先指出，天子出巡不是为了游乐，而是："春天视察耕种情况，帮助不足的人；秋天视察收成情况，周济缺粮的人。"

但是，历史上也有不少暴君，就只知道自己作威作福。他们的表现是"流连忘返，荒亡无行"。晏子说："从上游玩到下游，乐而忘返，叫做流；从下游玩到上游，乐而忘返，叫做连；拼命打猎不知厌倦，叫做荒；好酒贪杯不知满足，叫做亡。先王没有流连的享乐、荒亡的行径。就看您怎么做了。"

原来当时说的名言是"流连荒亡"一词；依此

而行，则国家必定陷于动乱，最后可能还会亡国。今天我们常用的词语是"流连忘返"，就是沉迷在某些娱乐或享乐中，无法自拔。工作与休闲应该交替进行，互相搭配，但是人有好逸恶劳的倾向，所以**必须时常提醒自己，不要流连忘返，否则可能浪费宝贵的时光，最后一事无成。**

## 原文

孟子对曰："……昔者齐景公问于晏子曰：'吾欲观于转附、朝儛（wǔ），遵海而南，放于琅邪。吾何修而可以比于先王观也？'晏子对曰：'善哉问也！天子适诸侯曰巡狩。巡狩者，巡所守也。诸侯朝于天子曰述职。述职者，述所职也。无非事者。春省耕而补不足，秋省敛而助不给。夏谚曰：'吾王不游，吾何以休？吾王不豫，吾何以助？一游一豫，为诸侯度。'今也不然：师行而粮食，饥者弗食，劳者弗息。睊睊（juàn）胥谗，民乃作慝（tè）。方命虐民，饮食若流。流连荒亡，为诸侯忧。从流下而忘反谓之流，从流上而忘反谓之连，从兽无厌谓之荒，乐酒无厌谓之亡。先王无流连之乐，荒亡之行。惟君所行也。'"（《梁惠王篇下》）

# 守望相助

滕文公在即位之前，曾经请教过孟子，得到不少启发。他即位之后，自然希望孟子提供更为具体可行的建议。

孟子认为，首先要满足百姓的需求，让他们有安定的生活，然后再接受适当的教育，促成人际关系的和谐发展。那么，如何从经济上奠定国家的基础呢？他的构想是古代实施过的井田制度。

所谓井田，是指将一块九百亩的地，划分为像"井"字的九块，由八家各耕其一，再共耕中间的公田。在农业社会，这不失为一种好办法。因为如此一来，农民不必另外缴税，而公田的收入归为国家公务之用。

不仅如此，"共一井田的各家，出入互相结伴，防盗互相帮助，有病互相照顾，那么百姓之间就会亲近和睦"。这句话所描写的景况，确实让人羡慕。

今天我们不可能退回到农业社会，但是依然可以自己设法建立"守望相助"的朋友圈子。

譬如，住家附近可以形成社区；工作场所的同事可以成为朋友；参加社会上的成长团体，通过学习知识与分享经验，组成志同道合的小组。这些是我们人生历程中的支援力量，也是我们平安快乐的重要条件。

### 原文

孟子曰："……请野九一而助，国中什一使自赋。卿以下必有圭田，圭田五十亩；余夫二十五亩。死徙无出乡，乡田同井，出入相友，守望相助，疾病相扶持，则百姓亲睦。方里而井，井九百亩，其中为公田。八家皆私百亩，同养公田。"（《滕文公篇上》）

# 有为者亦若是

滕文公自知在战国时代群雄争霸的局面下，滕国能够侥幸存在就算不错了。孟子仍然对他鼓励有加，引述三段话来供他参考。

首先，成覸对齐景公说："他，是个男子；我，也是个男子，我怕他什么呢？"成覸是位角力高手，在遇到任何强壮的对手时，总是以这句话为自己打气。许多运动员也有类似的激励方法。

其次，颜渊说："舜，是什么样的人？我，是什么样的人？有所作为的人也会像他那样。"以舜为效法对象，是为了追求完美的品德，而不是想当帝王。颜渊可以取法乎上，他在德行方面的成就也得到孔子的高度肯定。

然后，曾子的弟子公明仪说："周文王是我的老师；周公这话难道会欺骗我吗？"意思是：周公宣称以文王为师，而天下的有志之士都可以听从周公的话，也以文王为师，认真从事政治，为民服务。

　　孟子最后指出："现在滕国的土地截长补短，将近纵横各五十里，仍然可以成为推行善政的国家。《尚书》上说：'如果药物不能使人头晕眼花，这个病是治不好的。'"**立定大的志向，也须经过调适阶段，然后奋发上进。**

---

### 原文

　　滕文公为世子，将之楚，过宋而见孟子。孟子道性善，言必称尧、舜。世子自楚反，复见孟子。孟子曰："世子疑吾言乎？夫道一而已矣。成覸（jiàn）谓齐景公曰：'彼，丈夫也；我，丈夫也，吾何畏彼哉？'颜渊曰：'舜，何人也？予，何人也？有为者亦若是。'公明仪曰：'文王，我师也；周公岂欺我哉？'今滕，绝长补短，将五十里也，犹可以为善国。《书》曰：'若药不瞑眩，厥疾不瘳（chōu）。'"

（《滕文公篇上》）

# 不为与不能

有些事明明在我的能力范围之内，但是我却不去做，这称之为"不为"。有些事则是我无论怎么努力都做不到的，这称之为"不能"。

孟子劝导齐宣王推行仁政，由此可以称王天下。他强调这件事对宣王而言，是"不为也，非不能也"。宣王很想多听一些，就请孟子详加解释。

孟子说："用手臂夹着泰山跳过北海，对别人说：'我办不到。'这是真的不能做到。给年长的人弯腰行礼，对别人说：'我办不到。'这就是不去做，而不是不能做。所以，大王没有称王天下，不是属于用手臂夹着泰山跳过北海一类；大王没有称王天下，是属于给年长的人弯腰行礼一类。尊敬自己的长辈，然后推及尊敬别人的长辈；爱护自己的子弟，然后推及爱护别人的子弟。这样要治理天下，就像在手掌上转动东西一样。"

只要把善心推广出去，做到"老吾老，以及人之老；幼吾幼，以及人之幼"，天下人都会来归附的。以个人来说，在要求自己行善方面，用功念书方面，负责尽职方面，都可以说"是不为也，非不能也"。既然如此，只要放手去做就对了，最后一定会有收获的。

### 原文

〔孟子〕曰："挟太山以超北海，语人曰：'我不能。'是诚不能也。为长者折枝，语人曰：'我不能。'是不为也，非不能也。故王之不王，非挟太山以超北海之类也；王之不王，是折枝之类也。老吾老，以及人之老；幼吾幼，以及人之幼。天下可运于掌。"（《梁惠王篇上》）

# 心悦诚服

　　对许多拥有一技之长的人，我们都会觉得佩服。舞台上的歌星，球场上的高手，甚至是心算或围棋神童，都可以博得众人喝彩。但是，要谈到"心悦诚服"，则显然还需要其他条件。孟子最初是怎么说的呢？

　　他说："凭借武力来号召行仁的是称霸，称霸必须具备大国的条件；凭借道德来努力行仁的是称王，称王不必要有大国的条件：商汤以纵横各七十里的土地，周文王以纵横各一百里的土地，就称王了。凭借武力使人服从，别人不是真心服从，而是力量不够；凭借道德使人服从，别人内心快乐真正顺服，像七十多位弟子顺服孔子一样。《诗经》上说：'从西到东，从南到北，四方无不顺服。'说的就是这样的事。"

　　孟子特地分辨"称霸"与"称王"的不同。称霸要靠力量，即使别人表面顺从，心中却是不服的，因而随时可能爆发冲突。称王则是凭借德行，如商汤与周文王。以孔子来说，既无权势也无财富，但是众多学生却对他"心悦诚服"，这是因为他除了学识高超之外，还能以德服人。**"仁德"是人性的共同归向，无异于人生的光明大道。**我们在佩服孔子时，也要记得向他学习。

原文

孟子曰："以力假仁者霸，霸必有大国；以德行仁者王，王不待大：汤以七十里，文王以百里。以力服人者，非心服也，力不赡也；以德服人者，中心悦而诚服也，如七十子之服孔子也。《诗》云：'自西自东，自南自北，无思不服。'此之谓也。"（《公孙丑篇上》）

# 手舞足蹈

　　人在快乐时，会不自觉地手舞足蹈。什么样的快乐会造成这样的效果呢？考试得了满分，升学顺利成功，结交一位好友，谈成一笔生意，甚至在欣赏一首美妙的乐曲时，都可能让人如此。

　　如果请教孟子这个问题，他的回答是一系列的道理。他说："仁德的实质，是侍奉父母；义行的实质，是顺从兄长；明智的实质，是知道这两者是人不能离开的；守礼的实质，是对这两者加以调节与文饰；音乐的实质，是由这两者得到快乐，快乐就这样产生了；快乐一产生就抑制不住，抑制不住就会不知不觉地手舞足蹈起来。"

　　快乐的根本来源是仁与义；明白这两者是人不可离开的，再加以调节与文饰，就构成了智与礼。不仅如此，连音乐的性质也是要由此得到快乐。换言之，一个不仁不义的人，即使聆听音乐也无法获

得快乐。孟子所谓的快乐，显然不是指感官上的享
受，而是一种发自内心的真正喜悦。

人的身与心是相连互动的，心中快乐就无法抑
制，非要以身体表现出来不可，所以最后就会手舞
足蹈了。我们未必体验得到孟子所说的，但是至少
可以省思自己的快乐是否与仁义有关，因为那样
才是长长久久的快乐。

### 原文

　　孟子曰："仁之实，事亲是也；义之实，从兄是也；智
之实，知斯二者弗去是也；礼之实，节文斯二者是也；乐
之实，乐斯二者，乐则生矣；生则恶可已也，恶可已，则
不知足之蹈之手之舞之。"（《离娄篇上》）

# 独乐乐不如众乐乐

本文标题所列的这句成语，出于孟子与齐宣王的一段对话。对话的起因是：孟子听说齐宣王爱好音乐，就对他深表期许。但是，宣王却觉得尴尬，因为他"不是爱好古代圣王的音乐，只是爱好世俗流行的音乐罢了"。孟子鼓励他说："现在的音乐与古代的音乐是一样的。"

孟子的理由是什么？他请宣王想一想："独自欣赏音乐的快乐，比起同别人一起欣赏音乐的快乐，哪一种更快乐？"宣王说："不如同别人一起。"孟子再问："同少数人一起欣赏音乐的快乐，比起同多数人一起欣赏音乐的快乐，哪一种更快乐？"宣王说："不如同多数人一起。"

由此可知，"独乐乐不如众乐乐"的意思是：独自欣赏音乐的快乐，不如与众人一起欣赏音乐的快乐。

根据此一结论，齐宣王如果真的喜欢音乐，就
应该推而广之，与全国百姓一起来欣赏音乐。并且，
如果考虑的是快乐，那么就应该与全国百姓一起分
享所有的快乐。如果做到这一点，那不是与民偕乐
与爱民如己吗？如此一来，治理国家有何困难？进
而称王天下，也没有什么阻碍了。

我们平常未必想到政治问题，但是"独乐乐不
如众乐乐"一语，在日常生活中也可以体验得到。

**原文**

庄暴见孟子，曰："暴见于王，王语暴以好乐，暴未有
以对也。"曰："好乐何如？"孟子曰："王之好乐甚，则齐
国其庶几乎！"他日，见于王曰："王尝语庄子以好乐，有
诸？"王变乎色，曰："寡人非能好先王之乐也，直好世俗
之乐耳。"曰："王之好乐甚，则齐其庶几乎！今之乐由古
之乐也。"曰："可得闻与？"曰："独乐乐，与人乐乐，孰
乐？"曰："不若与人。"曰："与少乐乐，与众乐乐，孰
乐？"曰："不若与众。"（《梁惠王篇下》）

# 兼善天下

　　孟子周游列国，原本是想以他的学问、德行与才干，得到国君的赏识，进而可以为百姓服务。可惜当时的国君所要的是富国强兵，对孟子的仁政理想既没有太大的兴趣，也不想真正去实践。

　　既然如此，孟子不是遭时不遇、有志未伸，既委屈又无奈吗？事实上，他照样保持悠然自得的态度。他的观点是："崇尚品德、爱好义行，就可以悠然自得了。所以，士人穷困时不放弃义行，显达时不背离正道。穷困时不放弃义行，所以士人能保住自己的操守；显达时不背离正道，所以百姓不会失望。古代的人，得志时，恩泽广施百姓；不得志时，修养自己立身于世。穷困时，努力使自己趋于完美；显达时，就使天下人一起走向完美。"

　　这段话可谓掷地有声，把知识分子的抱负与风骨，完全彰显出来了。在此，"独善其身"，并不是与世隔绝，而是努力做好修身的工作，尽好人伦的责任，包括敦亲睦邻与守望相助等。至于"兼善天下"，则是依自己的角色与职责，为百姓谋福祉，而其目的是"善"，就是与众人一起走在人生的正途上。**若想将来兼善天下，现在就要努力独善其身，使自己趋于完美。**

### 原文

〔孟子〕曰："尊德乐义，则可以嚣嚣矣。故士穷不失义，达不离道。穷不失义，故士得己焉；达不离道，故民不失望焉。古之人，得志，泽加于民；不得志，修身见于世。穷则独善其身，达则兼善天下。"（《尽心篇上》）

# 充实基本学识

# 爱好勇敢

　　齐宣王聆听孟子谈论古代帝王的事迹之后，不免心生向往，但是他很清楚自己的缺点。他说："这番话太伟大了！不过，我有个毛病，就是爱好勇敢。"

　　孟子随即引经据典，期许他要化小勇为大勇。孟子说："希望大王不要爱好小勇。手按剑柄、怒目而视，说：'他怎么敢抵挡我！'这是平凡人的勇敢，只能对付一个人。希望大王扩而大之。《诗经》上说：'文王勃然大怒，于是整顿军队，阻止侵略莒国的敌人，以增强周朝的福佑，并以此报答天下人的期望。'这是文王的勇敢。文王一发怒就安定了天下的百姓。"

　　他接着说："《书经》上说：'天降生万民，为万民立了君主也立了师傅，要他们协助上帝来爱护百姓。因此，四方百姓有罪的与无罪的，都由我来负责，天下谁敢超越他的本分？'有一个人在天下横行，武王觉得可耻。这就是武王的勇敢。武王也是一发怒就安定了天下的百姓。"

结论则是："如果大王也是一发怒就安定了天下的百姓，那么百姓还只怕大王不爱好勇敢呢。"由此可知，**小勇是逞强好斗，出于意气冲动；大勇则是主持正义，为了照顾百姓。**我们虽是平凡百姓，也须避免小勇的表现。

**原文**

王曰："大哉言矣！寡人有疾，寡人好勇。"对曰："王请无好小勇。夫抚剑疾视曰：'彼恶敢当我哉！'此匹夫之勇，敌一人者也。王请大之！《诗》云：'王赫斯怒，爰整其旅，以遏徂莒，以笃周祜（hù），以对于天下。'此文王之勇也。文王一怒而安天下之民。《书》曰：'天降下民，作之君，作之师，惟曰其助上帝宠之。四方有罪无罪惟我在，天下曷敢有越厥志？'一人衡行于天下，武王耻之。此武王之勇也。而武王亦一怒而安天下之民。今王亦一怒而安天下之民，民惟恐王之不好勇也。"（《梁惠王篇下》）

# 爱好财物

　　孟子描述周文王如何照顾百姓，让他们衣食无缺之后，齐宣王不禁赞叹："这番话说得好啊！"孟子说："大王如果觉得好，那么为什么不实行呢？"宣王说："我有个毛病，就是爱好财物。"原来他担心在照顾百姓时，自己的财物将有所损失。

　　孟子的回答是："从前公刘爱好财物，《诗经》上说：'粮食囤积在仓库，包裹干粮装橐囊，安定百姓显声威。把箭张在弓弦上，干戈刀斧都齐备，这才出发向前行。'因此，留守的人有囤积的仓库，出行的人有满载的干粮，然后才可以出发远行。大王如果爱好财物，与百姓共同享用，要称王天下有什么困难呢？"

　　孟子引述的人物是公刘，他是后稷的后代，也是周朝创业的始祖。由《诗经》可知，公刘拥有丰富的资源，但是他的目的并非一人独自享受，而是与百姓一起使用。这是取之于民，并且用之于民。能做到这一点，百姓就唯恐大王不爱好财物了。反之，如果大王一人有钱而百姓穷困，那么好景一定维持不了多久。

我们在爱好财物与广结善缘之间，也可以参考孟子的说法，谨慎作个选择。

爱好财物

### 原文

王曰："寡人有疾，寡人好货。"对曰："昔者公刘好货，《诗》云：'乃积乃仓，乃裹餱（hóu）粮，于橐（tuó）于囊，思戢用光。弓矢斯张，干戈戚扬，爰方启行。'故居者有积仓，行者有裹粮也，然后可以爰方启行。王如好货，与百姓同之，于王何有？"（《梁惠王篇下》）

# 爱好美色

孔子曾经提醒人们，要警惕三件事，就是："年轻时，血气还未稳定，应该戒惕的是好色；到了壮年，血气正当旺盛，应该戒惕的是好斗；到了老年，血气已经衰弱，应该戒惕的是贪求。"（见《论语·季氏》）

孔子当时谈到"戒色、戒斗、戒得"，所要戒的三样毛病，在齐宣王身上居然一并存在，也就是所谓的"好色、好勇、好货"。由此可知，如果缺乏修养，人的毛病将会层出不穷。但是，即使如此，孟子还是有办法鼓励宣王不要泄气。

宣王说："我有个毛病，就是爱好美色。"孟子说："从前太王爱好美色，宠爱他的妃子。《诗经》上说：'古公亶父，清晨骑马奔驰，沿着西边河岸，到了岐山脚下。还带领姜氏女子，一起视察居处。'在那个时候，没有不嫁而抱怨的女子，也没有不娶而单身的男子。大王如果爱好美色，与百姓共同分享，要称王天下有什么困难呢？"

太王又名古公亶父，是周文王的祖父。他宠爱自己的妻子，同时也让天下人各自获得自己所爱的对象，在感情上得到安顿，组成家庭，形成安定的社会。面对自己的任何欲望，只要化解自私的念头，让别人也都有机会满足同样的欲望，那么天下还会有什么动乱呢？

## 原文

王曰："寡人有疾，寡人好色。"对曰："昔者大王好色，爱厥妃。《诗》云：'古公亶父，来朝走马，率西水浒，至于岐下。爰及姜女，聿来胥宇。'当是时也，内无怨女，外无旷夫。王如好色，与百姓同之，于王何有？"（《梁惠王篇下》）

# 未雨绸缪

面对任何挑战，只要预先作好准备，就有更大的胜算。战国时代，大国想尽办法要并吞小国，那么小国如何自处呢？孟子借用《诗经》描写鸱鸮(chīxiāo) 的一段话来引申其中的道理。

《诗经》上说："趁着天空没起云没下雨，剥取桑树根的皮，窗门都要缠绕好。今后底下那些人，有谁还敢欺侮我？"鸱鸮这种鸟的表现是如此，但是它是否想到"不让别人欺侮"，则是另一回事，因为这显然是诗人借事为喻，用来提醒人们早作准备。

孟子提供两种选择。一是：国家太平无事，趁这个时候修明政治法典；崇尚道德、尊重士人，使贤良的人有官位，能干的人有职务。那么，即使大国也一定会畏惧它了。二是：如果国家太平无事，就趁这个时候追求享乐、怠惰游玩，这是自己寻求灾祸。灾祸与幸福没有不是自己找来的。

孟子最后引述《书经》的一句话，就是："天降下的灾祸，还有办法躲开；自己造的灾祸，就没有活路了。"换言之，**我们的言行要谨慎，不但不可"自作孽"，并且还要"未雨绸缪"。**随时想到这两点，人生之路就会越走越顺利了。

### 原文

孟子曰："仁则荣，不仁则辱。今恶辱而居不仁，是犹恶湿而居下也。如恶之，莫如贵德而尊士，贤者在位，能者在职。国家闲暇，及是时，明其政刑。虽大国，必畏之矣。《诗》云：'迨（dài）天之未阴雨，彻彼桑土（dù），绸缪（móu）牖（yǒu）户。今此下民，或敢侮予？'孔子曰：'为此诗者，其知道乎！能治其国家，谁敢侮之？'今国家闲暇，及是时，般乐怠敖，是自求祸也。祸福无不自己求之者。《诗》云：'永言配命，自求多福。'《太甲》曰：'天作孽，犹可违；自作孽，不可活。'此之谓也。"（《公孙丑篇上》）

# 忧心悄悄

我们与人相处，经常会出现困难，那是因为大家观念不同，各有主张，于是批评之声此起彼落。孟子怎么看待这样的事呢？

貉稽说："我被别人说了很多坏话。"孟子对他说："没有关系。士人总会受到别人的任意批评。《诗经》上说：'内心忧愁不已，讨厌那群小人。'说的就是孔子。《诗经》上又说：'不消除别人的怨恨，也不损害自己的声名。'说的就是周文王。"

在孔子心目中，小人是指没有立志、不知上进的人，他们看到孔子到处奔走呼号，免不了加以批评。孔子内心所忧愁的倒不是自己受到误解与委屈，而是感叹这些小人浪费了大好人生。

至于周文王，则是采取尊重而不辩解的做法，不会想尽办法去消除别人的怨恨。我们不可能求得每一个人的赞同与支持，只能尽其在我，但求问

**心无愧**。同时，周文王也不损害自己的声名，就是按照既定计划继续从事应尽的职责。对于别人的批评，有则改之，无则加勉，因为重要的是自己能否日进于德，连孔子与周文王都受到批评，何况是我们一般人呢？

**原文**

貉（mò）稽曰：“稽大不理于口。”孟子曰：“无伤也。士憎兹多口。《诗》云：‘忧心悄悄，愠于群小。’孔子也。‘肆不殄（tiǎn）厥愠，亦不陨厥问。’文王也。”（《尽心篇下》）

# 殷鉴不远

德国哲学家黑格尔说："人类从历史上只学到一个教训，那就是人类从历史上没有学到任何教训。"这句话听起来充满反讽的意味，但是又可以找到无数的例证。我国古代在提醒人不要重蹈前人的覆辙时，会说"殷鉴不远"。

孟子期许政治领袖要效法尧与舜，因为这是唯一的正途。他说："不以舜侍奉尧的方式去侍奉君主，就是不敬重他的君主；不以尧治理百姓的方式去治理百姓，就是伤害他的百姓。孔子说：'道路只有两条，行仁与不行仁罢了。'虐待百姓太严重，自身就会被杀，国家灭亡；即使不太严重，自身也会危险，国家削弱，死后谥号叫做'幽'、'厉'，即使他有孝顺的子孙，一百代也无法更改。《诗经》上说：'殷朝的镜子不在远处，就是前代的夏朝。'说的正是这种情况。"

殷（商）朝以夏朝为借镜，但是到了纣王还是亡国了；周朝以商朝为借镜，到了西周末期依然出现了厉王与幽王，虽然没有立即亡国，天下也从此陷入数百年的纷争，最后还是灭亡了。我们处于资讯时代，每天都听说各种善恶报应的事件，心中怎能不警惕呢？**如果一定要自己受到教训才知道谨言慎行，不是太不聪明了吗？**

### 原文

孟子曰："……不以舜之所以事尧事君，不敬其君者也；不以尧之所以治民治民，贼其民者也。孔子曰：'道二，仁与不仁而已矣。'暴其民甚，则身弑国亡；不甚，则身危国削，名之曰'幽'、'厉'，虽孝子慈孙，百世不能改也。《诗》云：'殷鉴不远，在夏后之世。'此之谓也。"

（《离娄篇上》）

# 播恶于众

我们对政治领袖的道德要求，会有较高的标准，主要的原因是：他们高居庙堂之上，所言所行都有示范作用。一位政治人物的错误言行，将会抵消许多老师的认真教学，也将使许多父母感觉痛心。

孟子说："只有行仁的人应该居于高位。不行仁的人居于高位，就会把他的邪恶传播给大众。在上的不用正道来衡量事理，在下的不用法度来约束自己，朝廷不相信正道，官吏不相信制度；有官位的违反义行，一般百姓违反刑律，国家如此还能存在，那是侥幸啊！"

他接着说："在上的不守礼仪，在下的没有教育，作恶的百姓越来越多，国家的灭亡也就快了。《诗经》上说：'天正在颠覆王朝，不要再喋喋不休。'喋喋不休就是放肆随便。侍奉君主不讲义，行动进退不合礼，张口就诋毁先王的制度，这就是放肆随便。"

时代有古今之异，制度有封建与民主之别，但是做人处事的原则仍然是一样的。我们应该守法而重礼，各尽其职而不可放肆随便。如果身居高位，就要特别注意言行举止，以行仁为目标。我们在学生阶段没有学会这些道理，将来又怎么可能努力实践呢？

## 原文

　　孟子曰："……是以惟仁者宜在高位。不仁而在高位，是播其恶于众也。上无道揆也，下无法守也，朝不信道，工不信度；君子犯义，小人犯刑，国之所存者幸也。故曰，城郭不完，兵甲不多，非国之灾也；田野不辟，货财不聚，非国之害也。上无礼，下无学，贼民兴，丧无日矣。《诗》曰：'天之方蹶（guì），无然泄泄。'泄泄，犹沓沓（tà）也。事君无义，进退无礼，言则非先王之道者，犹沓沓也。故曰：责难于君谓之恭，陈善闭邪谓之敬，吾君不能谓之贼。"（《离娄篇上》）

## 心意最重要

孟子住在邹国的时候，季任代理任国国政，送礼物来结交孟子，孟子收了礼物而没有回谢。孟子住在平陆的时候，储子位居齐国相国，送礼物来结交孟子，孟子收了礼物而没有回谢。后来，孟子从邹国到了任国，前去拜访季子；从平陆到了齐国，却不去拜访储子。

学生屋庐子高兴地说："我发现先生的差错了。"就请教说："先生去任国时，拜访了季子；去齐国时，却没有拜访储子，是因为储子只是位居相国吗？"

孟子说："不是的。《尚书》上说：'进献礼品以礼节为重，礼节如果配不上礼品，就叫做没有进献，因为心意不在进献上。'这是因为他没有完成那进献的缘故啊。"屋庐子听了很满意。有人问他这件事，他说："季子代理国政，不能亲自去邹国；储子担任相国，可以亲自去平陆。"

以上这段故事，乍听之下好像在计较一些细节，好像孟子很在乎别人对他是否礼数周到。而事实上，**谈到礼仪，一定要以心意为重，亦即我们常说的"礼轻情意重"**。如果只是行礼如仪，重形式而轻心意，就变成本末倒置了。孟子所在乎的是人的心意。

原文

　　孟子居邹，季任为任处守，以币交，受之而不报。处于平陆，储子为相，以币交，受之而不报。他日，由邹之任，见季子；由平陆之齐，不见储子。屋庐子喜曰："连得间矣。"问曰："夫子之任，见季子；之齐，不见储子，为其为相与？"曰："非也；《书》曰：'享多仪，仪不及物曰不享，惟不役志于享。'为其不成享也。"屋庐子悦。或问之。屋庐子曰："季子不得之邹，储子得之平陆。"（《告子篇下》）

# 赵孟之所贵

赵孟是指春秋时代晋国的正卿赵盾（以孟为其字），他的子孙也都称为赵孟，是握有大权者的代号。孟子借其事迹，谈到人应该重视的，其实是仁德。

他说："想要尊贵，这是大家共同的心愿。每个人自己都有可尊贵的东西，只是不去思考罢了。别人所给予的尊贵，不是真正的尊贵。赵孟让一个人变得尊贵，赵孟同样可以使他沦于卑贱。《诗经》上说：'既有美酒使我陶醉，又有美德使我满足。'这是说，对仁德与义行感到满足，也就不羡慕别人的肥肉细米了；美好的名声与广泛的赞誉加在自己身上，也就不羡慕别人的锦绣衣裳了。"

这段话中，最令人振奋的是"人人有贵于己者"一语。由外而来的尊荣，不但有消有长，也可能最后沦为耻辱，甚至带来不可预测的灾祸。但是，由内而发的仁德与义行，则是可大可久的尊荣。

仁与义为什么会带来"令闻广誉"呢？因为每个人在正常而自然的情况下，都会向往仁与义，并且对这些德行推崇备至。**因为人性是向善的，所以人们看到择善固执的表现，就会起而效法。**孟子对人性的见解，值得我们深入加以理解。

### 原文

孟子曰："欲贵者，人之同心也。人人有贵于己者，弗思耳矣。人之所贵者，非良贵也。赵孟之所贵，赵孟能贱之。《诗》云：'既醉以酒，既饱以德。'言饱乎仁义也，所以不愿人之膏粱之味也；令闻广誉施于身，所以不愿人之文绣也。"（《告子篇上》）

# 孟子谈诗

　　公孙丑请教说："高子说：'《小弁》是小人所作的诗。'是吗？"孟子说："为什么这样说？"公孙丑说："因为其中有怨恨。"

　　孟子说："高老先生对诗的评论太拘泥了！这里有个人，如果是越国人拉开弓去射他，事后他可以有说有笑地讲述这件事；没有别的原因，只因为与越国人关系疏远。如果是他哥哥拉开弓去射他，事后他就会哭哭啼啼地讲述这件事；没有别的原因，只因为与哥哥关系亲近。《小弁》的怨恨，出于爱护亲人；爱护亲人，就合乎仁德。高老先生对诗的评论太拘泥了！"

　　孟子继续发挥他的观点："父母过错大而子女不怨恨，这是更加疏远父母；父母过错小而子女怨恨，这是一点都不能受刺激。更加疏远父母，是不孝；不能受父母一点刺激，也是不孝。孔子说：'舜是最孝顺的人，五十岁了还在思慕父母。'"

**有期待，才会有抱怨；关系越亲近，所造成的情感反应也越强烈。**《诗经》以发抒真情为其原则，因此在阅读《诗经》时，要保持真诚的心态，体验其中深刻的情绪表现，这就是所谓的"赤子之心"啊！

### 原文

公孙丑问曰："高子曰：'《小弁》，小人之诗也。'"孟子曰："何以言之?"曰："怨。"曰："固哉，高叟之为诗也！有人于此，越人关弓而射之，则己谈笑而道之；无他，疏之也。其兄关弓而射之，则己垂涕泣而道之；无他，戚之也。《小弁》之怨，亲亲也。亲亲，仁也。固矣夫，高叟之为诗也！"曰："《凯风》何以不怨?"曰："《凯风》，亲之过小者也；《小弁》，亲之过大者也。亲之过大而不怨，是愈疏也；亲之过小而怨，是不可矶（jī）也。愈疏，不孝也；不可矶，亦不孝也。孔子曰：'舜其至孝矣，五十而慕。'"（《告子篇下》）

# 尽信书不如无书

本文标题是一句常用的成语，意思是：我们如果完全相信书中所描述的，那还不如无书可念更好。这种说法的用意，是要鼓励我们除了念书，不可忽略个人的亲身经验，尤其不能以为书本所说的就垄断了一切真理。

不过，孟子当初所谓的"书"，是指记载古代资料的《书经》（或《尚书》）而言。他说："完全相信《尚书》所说的，还不如没有《尚书》这本书。我对于《武成》一篇，只取其中两三编竹简罢了。行仁者在天下没有敌手。以最有仁德的周武王去讨伐最无仁德的商纣，怎么会使血流得把春米的木棍都漂浮起来了呢？"

"血之流杵"，当然是令人惊骇的可怕场面，表示战争非常惨烈，杀害的人不可胜数。但是，《武成》所描述的是武王伐纣的故事，又怎么可能会是这种情况呢？有些学者认为，大概是商纣的士兵倒戈而自相残杀，或者是有些小国誓死力挺商纣以致死伤惨重。

但是，孟子却宁可认为《武成》的记载未必符合实情。事实上，历史记录不可能做到全面客观或巨细靡遗。因此，我们在阅读时，也须保持开放的心态，经由慎思明辨再接受书中所述，这样才能真正学到东西。

原文

　　孟子曰：“尽信《书》，则不如无《书》。吾于《武成》，取二三策而已矣。仁人无敌于天下。以至仁伐至不仁，而何其血之流杵也?”（《尽心篇下》）

# 展现核心思想

# 人性与善

在谈论人性问题时，孟子以"性善论"知名于世。他所谓的性善，究竟是什么意思？是说善属于人的本质，所以人生下来就是善的？还是说人有行善的可能性，并且应该行善？

主张前者的，称为"本善论"，但是如此一来就须解释为什么人会行恶？主张后者的，称为"向善论"，但是依然要说明人的恶行问题。孟子的立场是什么？在进行深入探讨之前，首先要厘清他对"心之四端"的看法。

他说："每个人都有不忍别人受苦的心。"他的证明方式是采用一个假设状况，让人去想像。他接着说："现在有人忽然看到一个孩童快要掉到水井里，都会出现惊恐怜悯的心；不是想借此和孩童的父母攀结交情，不是想借此在乡里朋友中博取名声，也不是因为讨厌听到孩童的哭叫声才如此的。"

我们暂且在此停下思考，问问自己有无类似的体验。在没有任何动机的情况下，我们"忽然看到"别人可能遭遇灾难，确实会不忍心。但是，这样的心是善呢？还是善的出发点？有这样的心就够了呢？还是需要由此推扩及实践，然后才可称之为善？关于这些问题，必须继续请教孟子。

**原文**

　　孟子曰："人皆有不忍人之心。先王有不忍人之心，斯有不忍人之政矣。以不忍人之心，行不忍人之政，治天下可运之掌上。所以谓人皆有不忍人之心者，今人乍见孺子将入于井，皆有怵惕恻隐之心；非所以内交于孺子之父母也，非所以要誉于乡党朋友也，非恶其声而然也。"（《公孙丑篇上》）

# 心之四端

孟子谈到每个人都有不忍别人受苦的心，并且举了"孺子将入于井"的虚拟状况之后，接着引申出一段说法。

他说："由此看来，没有怜悯心的，不是人；没有羞耻心的，不是人；没有谦让心的，不是人；没有是非心的，不是人。"这四种心所描写的，是人的本来状况，就好像是与生俱来的能力似的。

要具体实践这些能力，才可算是行善，所以孟子特别称之为"端"。他说："怜悯心是仁德的开端，羞耻心是义行的开端，谦让心是守礼的开端，是非心是明智的开端。人有这四种开端，就像他有四肢一样。有这四种开端却说自己不能行善，是伤害自己的人；说他的君主不能行善，是伤害君主的人。"由此可见，人可能行善并且应该行善，但是人并不是本善的。

结论则是："所有具备这四种开端的人，如果知道要去扩大充实它们，就会像柴火刚刚燃烧，泉水刚刚涌出。假使能扩充它们，足以保住天下；假使不能扩充它们，连侍奉父母都做不到。"这些话说得很清楚，由此可知，孟子认为人的善行来自心的四端，亦即行善的力量是由内而发的，若不扩充实践之，则无善可言。因此，他的观点应该是：人性向善。

**原文**

孟子曰："……由是观之，无恻隐之心，非人也；无羞恶之心，非人也；无辞让之心，非人也；无是非之心，非人也。恻隐之心，仁之端也；羞恶之心，义之端也；辞让之心，礼之端也；是非之心，智之端也。人之有是四端也，犹其有四体也。有是四端而自谓不能者，自贼者也；谓其君不能者，贼其君者也。凡有四端于我者，知皆扩而充之矣，若火之始然，泉之始达。苟能充之，足以保四海；苟不充之，不足以事父母。"（《公孙丑篇上》）

# 顺逆人性

关于人性问题，孟子与告子曾经有过几次精彩的论辩，值得我们仔细研究。

告子的质疑是："人性就像杞柳，义行就像杯盘；以人性去做仁德义行，就像以杞柳去做成杯盘。"

孟子回应说："你能顺着杞柳的本性去做成杯盘呢？还是要伤害它的本性去做成杯盘？如果要伤害杞柳的本性去做成杯盘，那么也要伤害人性去做到仁德义行吗？带领天下人去毁损仁德义行的，一定是你这种说法啊！"

告子所用的比喻是杞柳。杞柳枝条柔韧，可以编成杯盘之形，再以漆加工制成可用的杯盘。孟子的诘问关键是"顺"这个字。

如果是顺着杞柳之性而制成杯盘，那么也不妨说我们是顺着人性而做到仁义。但是，告子的比喻显然侧重于"戕贼"，或至少是靠外力来勉强。那

么，仁义也是由于戕贼人性而做到的。既然如此，
又何必倡导仁义呢？

我们行善，是顺着人性的趋向，还是违逆甚至
伤害人性的趋向？孟子的立场很明确，是顺而非逆。
告子的比喻，是把人性看成杞柳，根本没有内在的
力量或四端可言。这种比喻无法显示人性与善之间
的深刻关联。

**原文**

告子曰："性犹杞柳也，义犹桮（bēi）棬（quān）也；
以人性为仁义，犹以杞柳为桮棬。"孟子曰："子能顺杞柳
之性，而以为桮棬乎？将戕贼杞柳，而后以为桮棬也？如
将戕贼杞柳而以为桮棬，则亦将戕贼人以为仁义与？率天
下之人而祸仁义者，必子之言夫！"（《告子篇上》）

# 水向下流

　　告子提出他的主张："人性就像湍急的水，在东边开个缺口就向东流，在西边开个缺口就向西流。人性没有善与不善的区分，就像水没有向东与向西的区分。"他所强调的是：善恶全靠后天环境的影响，与人性并无内在关联。

　　孟子的回应是："水确实没有向东与向西的区分，难道也没有向上与向下的区分吗？人性对于善，就像水对于向下流。人性没有不向善的，水没有不向下流的。现在，用手泼水让它飞溅起来，也可以高过人的额头；阻挡住水让它倒流，可以引上高山。这难道是水的本性吗？这是形势造成的。人，可以让他去做不善的事，这时他人性的状况也是像这样的。"

　　顺着人性，可以行善也应该行善，正如顺着水性，可以向下也应该向下流。这个比喻清楚地肯定

了人性是向善的。然后，人去做不善的事，主要是
"势"造成的，亦即受到外在条件的影响。因此，**政
治与教育的设计，是要设法使人类社会保持正常
状态，以便向善的人性不会受到扭曲与误导。**

    孟子以"水向下流"的自然趋势，来比拟人性
向善的自发要求，确实值得我们深思。

**原文**

    告子曰："性犹湍水也，决诸东方则东流，决诸西方则
西流。人性之无分于善不善也，犹水之无分于东西也。"孟
子曰："水信无分于东西，无分于上下乎？人性之善也，犹
水之就下。人无有不善，水无有不下。今夫水，搏而跃
之，可使过颡（sǎng）；激而行之，可使在山。是岂水之性
哉？其势则然也。人之可使为不善，其性亦犹是也。"（《告
子篇上》）

# 食色问题

　　告子认为："食色，性也。"意思是：食欲与性欲是人的本性。这种说法其实是个常识，彰显了一切生物共有的特色，人类当然也不例外。《礼记·礼运》上说："饮食男女，人之大欲存焉。"我们不必否认食与色是人的生理需求。

　　但是，既然谈论人性，就须找出人与其他动物的区别所在。孟子因而指出人有四端之心，可以由此实践"仁、义、礼、智"这四种善。告子提出新的质疑，就是"仁内义外"："仁德是发自内在的，义行是外因引起的。"譬如，"是我的弟弟，我就爱他；是秦国人的弟弟，我就不爱他，可见这是由我决定的，所以说仁德是发自内在的。尊敬楚国人中的长者，也尊敬我自己的长者，可见这是由长者的关系来决定的，所以说义行是外因引起的"。

　　孟子回应说："爱吃秦国人做的烧肉，与爱吃自已做的烧肉，是没有什么区别的，其他事物也有这种情况，那么，爱吃烧肉也是外因引起的吗？"孟子提醒告子，别忘了食欲是生来就有的，而烧肉只是外在的机缘而已。换言之，仁德与义行都是由内而发的，具体做当然要配合外在条件；也就是说：仁与义都是发自内在的。

## 原文

  告子曰："食色，性也。仁，内也，非外也；义，外也，非内也。"孟子曰："何以谓仁内义外也？"曰："彼长而我长之，非有长于我也；犹彼白而我白之，从其白于外也，故谓之外也。"曰："异于白马之白也，无以异于白人之白也。不识长马之长也，无以异于长人之长与？且谓长者义乎？长之者义乎？"曰："吾弟则爱之，秦人之弟则不爱也，是以我为悦者也，故谓之内。长楚人之长，亦长吾之长，是以长为悦者也，故谓之外也。"曰："耆秦人之炙，无以异于耆吾炙，夫物则亦有然者也，然则耆炙亦有外欤？"（《告子篇上》）

# 求则得之

公都子是孟子的学生，他听过三种与孟子不同的说法，一并提出来请教。

他指出："告子说：'人性没有善，也没有不善。'有人说：'人性可以变得善，也可以变得不善；所以，周文王、周武王统治天下，百姓就喜欢善行；周幽王、周厉王统治天下，百姓就喜欢暴行。'还有人说：'有些人生性是善的，有些人生性是不善的；所以，以尧为君主，却有象（舜的异母弟）这样的百姓；以瞽瞍为父亲，却有舜这样的儿子；以商纣为侄儿，并且以他为君主，却有微子启、王子比干这样的贤人。'现在您说'性善'，那么，这些说法都错了吗？"

孟子说："顺着人性的真实状态，就可以做到善，这便是我所谓的性善。至于有人做出不善的事，那不是天生资质的过错。"问题出在"没有去省思。所以说：'寻求就会获得它们（善行），放弃就会失去它们。'人与人相比，有相差一倍、五倍甚至无数倍的，就是因为差的人不能充分实现天生资质啊"。

由此可知，孟子所谓的性善，是指人要顺着天生的要求去做，否则依然会陷于邪恶之中。

求则得之

## 原文

公都子曰："告子曰：'性无善无不善也。'或曰：'性可以为善，可以为不善；是故，文、武兴，则民好善；幽、厉兴，则民好暴。'或曰：'有性善，有性不善；是故，以尧为君而有象；以瞽瞍（gǔsǒu）为父而有舜；以纣为兄之子，且以为君，而有微子启、王子比干。'今曰'性善'，然则彼皆非与？"孟子曰："乃若其情，则可以为善矣，乃所谓善也。若夫为不善，非才之罪也。恻隐之心，人皆有之；羞恶之心，人皆有之；恭敬之心，人皆有之；是非之心，人皆有之。恻隐之心，仁也；羞恶之心，义也；恭敬之心，礼也；是非之心，智也。仁义礼智，非由外铄我也，我固有之也，弗思耳矣。故曰：'求则得之，舍则失之。'或相倍蓰（xǐ）而无算者，不能尽其才者也。《诗》曰：'天生烝民，有物有则。民之秉彝，好是懿德。'孔子曰：'为此诗者，其知道乎！故有物必有则，民之秉彝也，故好是懿德。'"（《告子篇上》）

# 圣人与我

孟子根据社会现象，承认人们（尤其是青少年）会受到环境影响，但是他还要进一步指出：圣人与我们一般人是同类的，有共同的行善能力。

他说："丰年时，青少年大多懒惰；荒年时，青少年大多凶暴，这不是天生资质有如此的不同，而是由于环境深深影响心思的缘故。"人的心思受到外在条件的左右，但并未受其决定，所以只能说是"多赖"与"多暴"，而不能说全部如何。

接着，他说："凡是同类的东西，全都是相似的，为什么一说到人，偏偏要怀疑这一点呢？圣人也是我们的同类。"圣人原先也是凡人，但是何以优于凡人呢？孟子说："说到心，就偏偏没有共同肯定的东西吗？心所共同肯定的是什么？是道理与义行。圣人最先觉悟了人心共同的肯定。"

圣人有此觉悟，然后一生致力于实践道理与义行，如此才能成就为圣人。孟子说："道理与义行使我的心觉得愉悦，正如美味的猪狗牛羊肉使我的口觉得愉悦一样。"我们随时存思"理义"，就会降低外在条件所起的作用，也将会日益接近圣人的境界了。

圣人与我

**原文**

孟子曰："富岁，子弟多赖；凶岁，子弟多暴，非天之降才尔殊也，其所以陷溺其心者然也。今夫麰（móu）麦，播种而耰（yōu）之，其地同，树之时又同，浡然而生，至于日至之时，皆熟矣。虽有不同，则地有肥硗（qiāo），雨露之养，人事之不齐也。故凡同类者，举相似也，何独至于人而疑之？圣人与我同类者。……至于心，独无所同然乎？心之所同然者，何也？谓理也，义也。圣人先得我心之所同然耳。故理义之悦我心，犹刍豢之悦我口。"（《告子篇上》）

# 牛山之木

　　孟子谈论人性时，提出一个生动的比喻，就是"牛山之木"。他说："牛山的树木曾经很茂盛，由于它邻近都城郊外，常有人用刀斧砍伐，还能保持茂盛吗？当然，它黄昏晚间在生长着，雨水露珠在滋润着，不是没有嫩芽新枝发出来，但紧跟着就放羊牧牛，最后就成为现在光秃秃的样子了。人们看见那光秃秃的样子，就以为它不曾长过成材的大树，这难道是山的本性吗？"

　　这个比喻所指涉的是：我们看到一个人做坏事，难道这是出于他的本性吗？显然不是，但是他对自己的良心所发出的要求，却"旦旦而伐之"，天天去砍伐它，再反复地予以压制，结果"他就距离禽兽不远了"。

　　孟子继续说："人们见他像个禽兽，就以为他不曾具有人的资质，这难道是人的真实状态吗？因此，如果得到滋养，没有东西不生长；如果失去滋养，没有东西不消亡。孔子说：'抓住它，就存在；放开它，就消失；出去进来没有定时，没人知道它的走向。'大概说的就是人心吧？"由此可知，**人性不是本善，而是向善，并且向善的关键在于心**。要随时体察心的要求，努力实践仁德与义行，自然会展现美好的德行，就像牛山恢复应有的茂盛。

**原文**

孟子曰："牛山之木尝美矣，以其郊于大国也，斧斤伐之，可以为美乎？是其日夜之所息，雨露之所润，非无萌蘖（niè）之生焉，牛羊又从而牧之，是以若彼濯濯也。人见其濯濯也，以为未尝有材焉，此岂山之性也哉？虽存乎人者，岂无仁义之心哉？其所以放其良心者，亦犹斧斤之于木也，旦旦而伐之，可以为美乎？其日夜之所息，平旦之气，其好恶与人相近也者几希，则其旦昼之所为，有梏亡之矣。梏之反复，则其夜气不足以存；夜气不足以存，则其违禽兽不远矣。人见其禽兽也，而以为未尝有才焉者，是岂人之情也哉？故苟得其养，无物不长；苟失其养，无物不消。孔子曰：'操则存，舍则亡；出入无时，莫知其乡。'惟心之谓与？"（《告子篇上》）

# 观其眸子

孟子说:"观察一个人,没有比观察他的眼睛更好的了。眼睛不能遮掩他的邪恶。心思正直,眼睛就明亮;心思不正直,眼睛就浊暗。听他说话,同时观察他的眼睛,这个人的善恶还能隐藏到哪里去呢?"

西方有一句谚语,说"眼睛是灵魂之窗",意思是眼睛会显示内心的状态。孟子的说法与此类似,并且更为具体,就是要以眼睛的明亮与浊暗,来代表心思的正直与否。这种说法的难题是:也许有人患了病(如黄疸病),以致眼睛昏黄,那么他不是很冤枉吗?

当然,孟子所说的是在正常情况下的观察。他的根据可以称为"身心合一论",譬如,内心快乐,脸上就会微笑,接着可能手舞足蹈起来;反之,如果身体受到伤害,内心就会恐惧畏缩,甚至造成心理疾病。

不过，身心合一并不表示两者平等或平行，而是以心为其枢纽，扮演主导角色，负责发号施令。如果忽略这一点，而让身体自行运作，就有可能陷于欲望与冲动的困境中。孟子认为在观察眼睛时，还须"听其言也"，因为言为心声。言谈加上眼睛，一个人的善恶就真的无所遁形了。孟子的说法在今日依然有效。

**原文**

孟子曰："存乎人者，莫良于眸子。眸子不能掩其恶。胸中正，则眸子了焉；胸中不正，则眸子眊（mào）焉。听其言也，观其眸子，人焉廋（sōu）哉？"（《离娄篇上》）

# 人禽之辨

人与动物之间，到底有什么不同？探讨这个问题，称为"人禽之辨"，孟子的说法具有代表性。

他说："人与禽兽不同的地方，只有很少一点点，一般人丢弃了它，君子保存了它。舜了解事物的常态，明辨人伦的道理，因此顺着仁与义的要求去行动，而不是刻意要去实践仁与义。"

这段话不但扼要，而且含义深刻。首先，人与动物的差异很少，并且这很少的一点差异，是可以保存也可以丢弃的。其次，我们不禁要想：一般人若是丢弃了它，不是变得与禽兽没有两样了吗？那么，他们还有可能"再度恢复"这种差异吗？答案应该是肯定的，否则孟子何必多谈教育呢？要明白这种主张，必须肯定人性是动态的力量，而不是某种固定的本质。

是力量，所以可以再度恢复；是本质，则一旦丢弃就无法复原了。依力量论人性，再由舜对仁义的态度看来，可知人性是向善的。舜是顺着仁义的要求去行动，而不是刻意去实践仁义，因为舜觉悟了人性内在就有行善的动力，因此，要做人就要做好人；忽略这一点，就有可能使人与动物之间的差异变得模糊了。

人禽之辨

原文

　孟子曰："人之所以异于禽兽者几希，庶民去之，君子存之。舜明于庶物，察于人伦，由仁义行，非行仁义也。"
（《离娄篇下》）

# 效法尧舜

孟子谈到政治时，期许国君效法尧与舜，就是要推行仁政，与民偕乐。事实上，若以尧与舜作为圣人的代表，每一个人都可以达到这样的理想。

孟子的言行显然使人刮目相看，以下一段资料可以为证。储子说："齐王派人来窥探先生，是不是真有与别人不同的地方？"孟子说："有什么与别人不同的地方呢？尧、舜也与一般人一样啊。"由此可知，孟子相信人人都可以成为尧、舜。

后来，曹交当面请教孟子："每个人都可以成为尧、舜，有这样的说法吗？"孟子说："有的。"曹交缺乏信心，孟子告诉他："尧、舜的正途，不过是孝与悌而已。你穿上尧所穿的衣服，说尧所说的话，做尧所做的事，这样就成为尧了。"

孟子进一步指出："人生正途就像大路一样，怎么会难懂呢？只怕人们不去寻找而已。你回去自己寻找，老师多得很呢。"**只要仔细观察，身边处处可见善行；并且如果用心反省，更可以把握由内而发的动力与方向。**尧与舜就是如此成为圣贤的。我们在学习他们时，不可忘记自己内在就有成为圣贤的可能。

### 原文

储子曰："王使人瞯（jiàn）夫子，果有以异于人乎？"孟子曰："何以异于人哉？尧舜与人同耳。"（《离娄篇下》）

曹交问曰："人皆可以为尧、舜，有诸？"……〔孟子〕曰："……尧、舜之道，孝弟而已矣。子服尧之服，诵尧之言，行尧之行，是尧而已矣；子服桀之服，诵桀之言，行桀之行，是桀而已矣。"曰："交得见于邹君，可以假馆，愿留而受业于门。"曰："夫道若大路然，岂难知哉？人病不求耳。子归而求之，有余师。"（《告子篇下》）

勇于择善固执

　　孟子的年代大约在公元前三七二至前二八九年之间，比孔子晚了一个多世纪。当时是战国时代中期，天下的局势更为混乱，有理想的读书人也更为少见了。不过，让人深感惊讶的是，孟子怀有十足的信心，以他卓越的口才，到处宣扬儒家的思想，在气势上颇有"一夫当关"的姿态，而在言论上则是深刻与圆融兼而有之，使儒家学说显得更为完美。

　　譬如，孔子经常与学生谈论"仁"，意思是要因材施教，指引学生走上正确的人生之路。换言之，"仁"字有"人之道"的含意。到了《中庸》，就明白肯定了："人之道，择善而固执之者也。"于是，"择善固执"一词成为儒家的处世原则。但是，有些人误会了"固执"的意思，以为那是顽固而不知变通；同时又以为"择善"是选择自己所认定的善，由此形成封闭而自大的心态。幸好孟子及时出现，以他的言行作为"择善固执"的见证。择善需要灵活的智慧，固执有赖过人的勇气；智慧加上勇气，同时还以"仁义"为其核心，然后才有可能走向至善的境界。《大学》里面所标举的"三达德"（智仁勇），在孟子身上具体地展现出来了。

孟子是怎么做到的呢？首先是修养功夫，以"不动心"为其初步阶段，这时需要的是勇气。他在勇于对抗与勇于无惧之外，特别推崇孔子的勇于自反；因为唯有如此，才可合乎道义的要求，并且这种要求是由内而发的，称为"集义"。集义是不断实践道义的行为，最后的成果是至大至刚的"浩然之气"。学习孔子而能有如此亲切的体认，并且说得出其中道理的，实以孟子为主要代表。

明白孔子学说是一回事，真正在自己的时代与社会中身体力行，则是另一回事。孟子与诸侯及权贵之士的往来态度与言谈立场，足以证明他是兼顾两者的人物。他提出"民贵君轻"的说法，主张"君臣相待"不可单向而无礼，他欣赏自动奋兴的"豪杰之士"，大声为"狂者狷者"提出辩护，并且严厉抨击四面讨好的"乡愿"。这些言行足以振聋发聩。

他进而为圣贤划分类型，认为圣人有四品，亦即清者、任者、和者、时者，让每一个人可以依其性向而选择效法的典型。同时他以孔子为最高典范，因为孔子在圣德之外还有与时俱进的智慧，无异于充分实现了人的禀赋，足以作为万世师表。像孔子这样的君子，可以做到"所过者化，所存者神，上下与天地同流"。单单是这样一句描述，就足以彰显人类生命既丰富伟大又高尚得难以想像的潜能了。

孟子的说法并非凭空幻想。他再度发挥分类的专长，把人生修养分为六种境界，就是：善、信、美、大、圣、神。首先是善，那是因为人性向善，所以只要真诚面对自己，就会由"心之可欲"而发现善；其次是信（真），只有自己实践了善，才是一个真正的人；接着是完完全全实践了善，称为"充实之谓美"；然后，发出德行的光辉，成为大人；进而可以"化民成俗"，称为圣人；最后则是"不可知之"的妙境，名之为"神"，亦即"天人合德"。

孟子与孔子一样，相信"天"会主导一切，同时也接受"命"的安排。在天与命之间，则是人类实现潜能以走向完美的广大领域。体认了此一道理，则可明白自己内在并无欠缺，而可以说："反身而诚，乐莫大焉。"儒家的快乐，其故在此。

# 修养功夫示范

# 勇于对抗

外在环境一变化，人就会起心动念，尤其在面对自身安危时更是如此。于是，在谈论修养时，就须以"不动心"为目标。孟子认为，要想做到不动心，首先要培养勇气。那么，如何培养呢？方法有三。第一种是勇于对抗。

孟子说："北宫黝这样培养勇气：肌肤被刺不退缩，眼睛被戳不逃避，他觉得受到一点小挫折，就像在公共场所被人鞭打一样；既不受平凡小民的羞辱，也不受大国君主的羞辱；把刺杀大国君主看成刺杀平凡小民一样；毫不畏惧诸侯，听到斥骂一定反击。"

北宫黝的方法，是以对外表现过人的气势来彰显勇敢。他能忍受身体上的苦痛与折磨，向前奋进而不退缩。他的羞耻心远超过一般人，合乎"知耻近乎勇"的说法，因此绝不容许任何侮辱。在他眼中，国君与平民并无差异，都不能对他出言不逊或傲慢无礼，否则他一定采取报复的手段。在古代封建社会中，阶级有上下之分，他却毫不畏惧诸侯，确实可以称为勇者了。

关键在于结尾的一句话："恶声至，必反之。"这显然是描写勇于对抗的态度。对抗可能造成两败俱伤或玉石俱焚，似乎不是理想的方法，所以孟子会继续探讨别的方法。

**原文**

〔孟子〕曰："……北宫黝（yǒu）之养勇也：不肤挠，不目逃，思以一豪挫于人，若挞之于市朝；不受于褐（hè）宽博，亦不受于万乘之君；视刺万乘之君，若刺褐夫；无严诸侯，恶声至，必反之。"（《公孙丑篇上》）

# 勇于无惧

培养勇气的第二个方法是无所畏惧。

孟子说："孟施舍这样培养勇气，他说：'对待不能战胜的，就像对待足以战胜的一样；如果衡量敌得过才前进，考虑可以胜才交战，那是畏惧众多军队的人。我怎能做到必胜呢？不过是无所畏惧罢了。'"

孟施舍的方法，是以坚定自己必胜的意念来彰显勇敢。他所举的例子是两军作战。自古以来，有许多以寡击众的事实，胜利的一方除了善用谋略之外，还要靠高昂的斗志与必胜的决心。面对为数众多的敌人，只要无所畏惧，就可以冲锋陷阵，以一当十，以十当百，最后取得胜利。

在比较"勇于对抗"与"勇于无惧"这两种方法时，孟子说："不知道谁比较杰出，但是孟施舍把握了要领。"理由何在？在于对抗是向外展现过人的勇敢，而无惧是向内要求坚定的意念。向外展现时，需要的条件较多，如身强体壮、武艺高超等；向内要求时，所需的条件以正确的观念为主，就是既不衡量也不考虑自己会不会失败，由此显示无惧的气势，使敌人屈居下风。

由此可见，**向内要求自己，是人人可以做到的。**除此之外，还有第三种培养勇气的方法，值得我们进一步去了解。

### 原文

〔孟子〕曰："……孟施舍之所养勇也，曰：'视不胜犹胜也；量敌而后进，虑胜而后会，是畏三军者也。舍岂能为必胜哉？能无惧而已矣。'孟施舍似曾子，北官黝似子夏。夫二子之勇，未知其孰贤，然而孟施舍守约也。"（《公孙丑篇上》）

# 勇于自反

谈到勇于对抗时，所针对的是个别的国君或平民；谈到勇于无惧时，所针对的是交战的军队。这两种情况都是一般人所熟知的勇敢。那么，第三种培养勇气的方法是什么？孟子借曾子之口，转述孔子的观点。

他说："从前曾子对学生子襄说：'你爱好勇敢吗？我曾经听孔子谈过大勇的作风：反省自己觉得理屈，即使面对平凡小民，我怎能不害怕呢？反省自己觉得理直，即使面对千人万人，我也向前走去。'"

孔子所谓的大勇，既不是要与人对抗，也不只是心中无惧，而是要从"自反"着手，反省自己的言行是否合乎义理。义理是人人共同向往的原则，亦即正当性与合理性。在自我反省时，发现自己的言行既不正当也不合理，那么即使面对的是平凡小民，也要自觉惭愧而害怕，因为内心将会严厉谴责自己。

如果自己的言行既正当又合理，那么即使是千军万马冲着我来，我依然向前走去。换言之，**培养勇气必须以人心所推崇的义理为目标，先作自我反省的功夫。**理直然后气壮，理不直则向人道歉赔罪。**勇于改过自新，并且坚持实践义理，这才是真正的勇敢。**

原文

〔孟子〕曰："……昔者曾子谓子襄曰：'子好勇乎？吾尝闻大勇于夫子矣：自反而不缩，虽褐宽博，吾不惴(zhuì)焉？自反而缩，虽千万人，吾往矣。'"（《公孙丑篇上》）

# 浩然之气

在孟子看来，做到"不动心"并不算难事，但是如何发挥积极的作用，使自己的生命步上正轨，就是很大的考验了。因此，当学生请教他的优异之处时，他的答覆是："我能辨识言论，我善于培养我的浩然之气。"

什么是浩然之气？孟子说："很难说清楚的。那一种气，最盛大也最刚强，以正直去培养而不加妨碍，就会充满在天地之间。那一种气，要和义行与正道配合；没有这些，它就会萎缩。它是不断集结义行而产生的，不是偶然的义行就能装扮成的。如果行为让内心不满意，它就萎缩了。"

孟子的意思是，培养的方法有三，就是：正直、义行与正道。正直是指出于真诚，经常反省是否内外如一、表里一致；义行是就具体的每一件事而言，都要合宜而正当；正道是指人生的光明大道，亦即

立志要走在正途上。以上三点合而观之，落实在
“集义”上，就是不断集结义行，孕发出浩然之气，
表现为内心坦荡而自得其乐，一无所缺而永远精进，
亦即“至大至刚”的状态。

一个人只要真诚面对内心的要求，言行都符
合义与道，就会感觉内在的力量与做人的气势越
来越盛大越刚强。这也是一种快乐啊。

原文

〔公孙丑问曰：〕“敢问夫子恶乎长？”〔孟子〕曰：“我
知言，我善养吾浩然之气。”“敢问何谓浩然之气？”曰：
“难言也。其为气也，至大至刚，以直养而无害，则塞于天
地之间。其为气也，配义与道；无是，馁也。是集义所生
者，非义袭而取之也。行有不慊（qiè）于心，则馁矣。”

（《公孙丑篇上》）

# 揠苗助长

孟子认为自己所培养的浩然之气，不是一般人能做得到的。譬如，告子就走偏了，他说："告子不曾懂得义行，因为他把义行看成外在的东西。"义行当然是外在的行为表现，但是它的根源及动力，却是由内而发的。

孟子继续说："对这种气，一定要在行事上努力，但不可预期成效；内心不能忘记它，但不可主动助长。"如果预期成效，就可能忽略当下行事所需要的功夫；如果主动助长，则难免弄巧成拙。孟子对此，说了一个"揠苗助长"的故事，可谓发人深省。

他说："宋国有个担心禾苗不长而去拔高的人，十分疲困地回去，对家人说：'今天累坏了，我帮助禾苗长高了。'他的儿子赶快跑去一看，禾苗都枯槁了。天下不帮助禾苗长高的人很少啊。以为养气没有用处而放弃的，是不为禾苗锄草的人；主动助长的，是把禾苗拔高的人，不但没有好处，反而伤害了它。"

我们今天使用"揠苗助长"一词，往往是指教育青少年时所采取的过度措施。孟子的原意，则是要提醒**每一个人，在自我修养时，必须由内而发、循序渐进，在每一件小事上都要认真努力，**等到时机成熟，自然会开花结果。

## 原文

〔孟子〕曰："……告子未尝知义，以其外之也。必有事焉而勿正，心勿忘，勿助长也。无若宋人然。宋人有闵其苗之不长而揠（yà）之者，芒芒然归，谓其人曰：'今日病矣，予助苗长矣。'其子趋而往视之，苗则槁矣。天下之不助苗长者寡矣。以为无益而舍之者，不耘苗者也；助之长者，揠苗者也。非徒无益，而又害之。"（《公孙丑篇上》）

# 善于知言

读过《论语》的人，会记得全书最后一章的最后一句是："不知言，无以知人也。"若想了解别人，必须先明白言语的使用，因为"言为心声"。然而，言语真的可以代表心意吗？知言的困难在此。

孟子认为自己在"知言"方面，颇有过人之处。他所谓的知言是："偏颇的言词，我知道它的盲点；过度的言词，我知道它的执著；邪僻的言词，我知道它的偏差；闪躲的言词，我知道它的困境。这些言词从心思产生出来，会危害政治；在政治上表现出来，会危害具体的事务。如果有圣人再出现，一定会赞成我所说的。"

在此谈到四种言词，就是"诐辞、淫辞、邪辞、遁辞"，亦即这些言词"偏颇、过度、邪僻、闪躲"，显然是言不由衷而另有隐情或图谋。孟子可以分辨其中的"盲点、执著、偏差、困境"，然后一一对症下药，不让它们造成恶性循环的后果，引发世间的混乱与灾难。

孟子并未说明他如何具备这种知言的专长，我们从他的言行来判断，至少可以肯定他是饱读诗书，深通人情世故，设身处地为别人着想，并且是个细心的听者。事实上，**知言是我们一生都在努力达成的处世目标。**

**原文**

〔孟子〕曰："诐（bì）辞知其所蔽，淫辞知其所陷，邪辞知其所离，遁辞知其所穷。生于其心，害于其政；发于其政，害于其事。圣人复起，必从吾言矣。"（《公孙丑篇上》）

# 学习孔子

　　孟子对于古代圣贤的事迹，不但非常熟悉，并且心向往之。他有一次谈到伯夷、伊尹与孔子时，坦承他的学习楷模是孔子。这三位圣人的作风各有特色。

　　伯夷的作风是："不是理想的君主不去服事，不是理想的百姓不去使唤；天下安定就出来做官，天下动乱就退而隐居。"伊尹的作风是："对任何君主都可以服事，对任何百姓都可以使唤；天下安定出来做官，天下动乱也出来做官。"孔子的作风是："应该做官就做官，应该辞职就辞职，应该久留就久留，应该速去就速去。"

　　这三人的共同之处是："如果能有纵横各一百里的土地让他们担任君主，都能让诸侯来朝见，而统治天下；如果要他们做一件不义的事，杀一个无辜的人，因而得到天下，他们都是不会去做的。"这一段话真是掷地有声，让人动容。他们绝不会"为达目的而不择手段"，即使为了得到天下，也不愿"行一不义，杀一不辜"。这种高风亮节，千载之下，仍是人类社会的一盏明灯。

孟子说："他们都是古代的圣人，我还做不到他们的表现；至于我所希望的，则是学习孔子。"孟子由于取法乎上，自身也有杰出的成就，值得我们效法。

**原文**

〔孟子〕曰："……非其君不事，非其民不使；治则进，乱则退，伯夷也。何事非君，何使非民；治亦进，乱亦进，伊尹也。可以仕则仕，可以止则止，可以久则久，可以速则速，孔子也。皆古圣人也，吾未能有行焉；乃所愿，则学孔子也。"……〔公孙丑问〕曰："然则有同与？"〔孟子〕曰："有。得百里之地而君之，皆能以朝诸侯，有天下；行一不义，杀一不辜，而得天下，皆不为也。是则同。"（《公孙丑篇上》）

# 天降大任

　　没有人一生下来就是圣贤，但是也没有人不可能成为圣贤。孟子思考古代伟大人物的事迹之后，得到下述结论。

　　他说："天准备把重大任务交付这个人，一定要先折磨他的心志，劳累他的筋骨，饥饿他的肠胃，穷尽他的体力，使他的所作所为都不能如意，这样就可以震撼他的心思，坚忍他的性格，由此增加他所缺少的才干。"

　　简而言之，一个人在受苦受难时，很可能是上天正在考验他。这种考验的用意是激发他的潜能，使他锻炼出一般人所缺少的才干，进而使他在心思与性格方面变得成熟而稳重，能够专注于人生的重大目标，并且成为人类社会的领袖人物。

　　孟子继续解释说："人们总是犯了过错，才有机会改正；心意受限制，思虑受阻碍，才会发愤振作；

表现在脸色上，发抒在言语上，才会被人了解。"一个国家也是一样，"在内没有遵守法度的大臣与辅佐君主的士人，在外没有相抗衡的国家与外患的威胁，那就迟早会灭亡。然后就可以明白忧患中能获得生存，安乐中会遭致灭亡的道理了"。因此，**人在处于逆境时，不但不必怨天尤人，反而应该把握机会，造就自己成为更有本事的人。**

原文

孟子曰："……故天将降大任于是人也，必先苦其心志，劳其筋骨，饿其体肤，空乏其身，行拂乱其所为，所以动心忍性，曾（zēng）益其所不能。人恒过，然后能改；困于心，衡于虑，而后作；征于色，发于声，而后喻。入则无法家拂（bì）士，出则无敌国外患者，国恒亡。然后知生于忧患而死于安乐也。"（《告子篇下》）

# 节制欲望

社会是由许多个人组成的，如果每一个人都为所欲为，结果将是天下大乱。因此，人生不能没有修养。孟子对此提出一个扼要的建议。

他说："修养内心的方法，没有比减少欲望更好的了。一个人如果欲望很少，那么内心即使有迷失的部分，也是很少的；一个人如果欲望很多，那么内心即使有保存的部分，也是很少的。"

在孟子看来，人的欲望来自身体的本能需求，像食与色，都是定期出现而没有止境的。这种情况与其他动物无异，所以孟子认为"身是小体"，而"心是大体"；在此，大小不是指其形态，而是就其重要性而言。心是人之所以为人的重要部分，因此作为一个人，必须修养内心。

修养内心的各种方法中，为什么减少欲望是最有效的呢？因为人的时间与力量都是有限的，如果无法节制欲望，把所有的时光与力气都花在满足欲望上面，又如何可能进行内心的修养呢？

"养心"与"寡欲"是互为消长的。由"寡欲"一词可知，孟子并不要求无欲或断绝欲望，而是希望我们减少及节制欲望，由此走上人生正途。

**原文**

孟子曰："养心莫善于寡欲。其为人也寡欲，虽有不存焉者，寡矣；其为人也多欲，虽有存焉者，寡矣。"（《尽心篇下》）

# 为人处事

关于为人处事的原则，孟子说过几句简短的话，可供我们参考。譬如，"一个人有所不为，然后才可以有所作为"。人生贵在知道取舍，若想达成重要的目标，亦即有所作为，那么首先就须有所不为，就是放弃一些次要的目标，否则很可能最后一事无成。

不仅如此，"有所不为"还包括许多不该做的事。譬如，"谈论别人的缺点，招来了后患要怎么办"？所谓后患，是指别人知道真相之后，可能挟怨报复，也可能造谣生事。在背后谈论别人的缺点，即使你有各种证据，也不是一件光明的行为。

孟子以孔子为效法对象，他说："孔子是做什么事都不过分的人。"与人相处，最难的是适可而止，为别人留些余地，让他有改过自新的机会。人非圣贤，孰能无过？我们自己犯错时，不是也希望别人手下留情吗？

希腊时代，在雅典附近有一座神殿，墙壁上刻了两行字，一是"认识你自己"，二是"凡事勿过度"。神殿所刻之字，是先民的智慧结晶。由这两句话看来，孟子的观点也展现了类似的想法。我们为人处事，也须提醒自己"有所不为"的事项，如少批评别人，做事不过分等等。

### 原文

孟子曰："人有不为也，而后可以有为。"

孟子曰："言人之不善，当如后患何？"

孟子曰："仲尼不为已甚者。"（《离娄篇下》）

# 求其放心

人的心思有觉悟的能力；但是相对的，它也可能陷于不觉悟的状态，就是随着本能的欲望去胡作非为。这种情况，称为"放心"，就是丧失了心。

孟子说："仁德，是人要保住的心；义行，是人要依循的路。放弃这条路而不跟着去走，丧失这颗心而不知道去寻找，真是可怜啊！一个人，鸡和狗走失了，知道去寻找；但是心丧失了，却不知道去寻找。学习及请教的原则没有别的，就是找回丧失的心而已啊！"

由此可见，有些人把"求其放心"看成"求得自己安心"，这是错误的理解。孟子的意思是"找回丧失的心"，这里，"放"是指丧失、迷失。

鸡与狗如果走失了，那是有形可见的外在损失，怎能不去寻找？我们有时忘记一百元放在何处，都会认真去找，那么，对于内心失去觉悟仁义的能力，为什么显得毫不在乎呢?

我们接受教育，向老师也向长辈"学习及请教"，这时不可忘记孟子的提示，就是要以"找回丧失的心"为原则。**学问的目的，是助人成为一个真正的人，而不是利用它来获得世间的各种利益。**

原文

　　孟子曰："仁，人心也；义，人路也。舍其路而弗由，放其心而不知求，哀哉！人有鸡犬放，则知求之；有放心，而不知求。学问之道无他，求其放心而已矣。"(《告子篇上》)

# 关于羞耻

孟子说："羞耻对于人，关系十分重大。玩弄权谋诡计的人，是根本用不上羞耻的。不认为不如别人是羞耻，还有什么是比得上别人的?"

羞耻是来自人群的互相比较，我们一旦发觉自己不如别人，就会觉得惭愧而想奋发上进。因此，一个社会最担心的是：有些人毫无羞耻心。譬如，玩弄权谋诡计的人，为了达到目的不择手段。这种作风如果蔓延开来，人类社会可能沦为原始丛林，只知弱肉强食而不谈任何道义了。

孟子又说："人不可以没有羞耻，把没有羞耻当作羞耻，那就不会有耻辱了。"这句话中的"无耻之耻"有两种解法：一是"没有羞耻的那种羞耻"，接着必须说"那真是没有羞耻啊"。这样一来，所强调的是人不能没有羞耻之心。另一种解法是本文所译，就是期许我们"把没有羞耻当作羞耻"。如此，较有积极的意义，因为我们从此就会努力避免"无耻"，然后也就不会有耻辱了。

最后，回到孟子的第一句话，我们应该以"不如别人"为可耻。但是，问题是：在哪一方面不如别人？从社会上"笑贫不笑娼"的反常现象看来，我们首先要辨明的是：**在人品与德行上不如别人，才是应该惭愧的。**

### 原文

孟子曰："人不可以无耻。无耻之耻，无耻矣。"

孟子曰："耻之于人大矣。为机变之巧者，无所用耻焉。不耻不若人，何若人有？"（《尽心篇上》）

# 考察心思

我们平凡人要立志成为君子，那么君子有什么特别之处呢？孟子说："君子与一般人的不同之处，在于他考察心思的方式。君子用仁德来考察心思，用守礼来考察心思。仁德者爱护别人，守礼者尊敬别人。爱护别人的，别人也总是爱护他；尊敬别人的，别人也总是尊敬他。"

孟子接着举例说明："假定这里有个人，他以粗暴蛮横的态度对待我，那么君子必定反省自己：我一定没仁德，我一定不守礼，不然这种态度怎么会冲着我来呢？反省之后肯定自己合乎仁德，反省之后也肯定自己做到守礼，而那人的粗暴蛮横还是一样。君子必定反省自己：我一定没有尽心竭力。反省之后肯定自己尽心竭力了，而那人的粗暴蛮横还是一样。君子就会说：'这不过是个狂妄的人罢了。像他这样，同禽兽有什么区别呢？对于禽兽又有什么好责怪的呢?'"

君子与别人发生冲突时，必定先反省自己是否
"不仁、无礼、不忠"。反省之后，发现自己没有问
题，然后才可以把箭头指向别人，认为别人可能是
一个狂妄的人，是在无理取闹，根本不可理喻。那
么，与其浪费时间同他计较，不如去做一些有积极
建设意义的事。

**原文**

孟子曰："君子所以异于人者，以其存心也。君子以仁
存心，以礼存心。仁者爱人，有礼者敬人。爱人者，人恒
爱之；敬人者，人恒敬之。有人于此，其待我以横逆，则
君子必自反也：我必不仁也，必无礼也，此物奚宜至哉？
其自反而仁矣，自反而有礼矣，其横逆由是也，君子必自
反也：我必不忠。自反而忠矣，其横逆由是也，君子曰：
'此亦妄人也已矣。如此则与禽兽奚择哉？于禽兽又何难
焉？'"（《离娄篇下》）

# 左右逢源

依字面来看，"左右逢源"是指一个人办事顺利，在任何地方都得到帮助。不过，仔细分辨，将会发觉这句成语的关键是"源"，如果没有本源，怎能维持长久？我们常说的"源头活水"，正是此意。孟子最初使用"左右逢源"时，说了一段话。

他说："君子依循正确方法深入研究，就是希望可以自己领悟道理。自己领悟的道理，就会安稳地守住它；安稳地守住它，所受的启发就会深刻；所受的启发深刻，那么应用在任何地方都可以回溯本源，所以君子希望可以自己领悟道理。"

我们在学习的过程中，听到许多高明的道理，但是由于自己尚未深入研究，以致谈不上什么心得。因此，我们必须认真用功，希望早日可以领悟道理。自己领悟的道理，就像是源头活水，在应用时不仅顺畅自然，并且充满信心，无论怎么发挥，都可以左右逢源。

以孟子自身为例，他周游列国时，与许多君主、大臣、士人谈论，在各种题材上表达见解，但是始终没有离开他的基本立场，就是：推行仁政，必然获得百姓的支持。他的示范，正是我们学习的榜样。

原文

孟子曰："君子深造之以道，欲其自得之也。自得之，则居之安；居之安，则资之深；资之深，则取之左右逢其原，故君子欲其自得之也。"（《离娄篇下》）

# 真诚为上

我们从事修养的目的，是为了立身处世，实现理想，使自己活出有意义的一生。在此，有一个循序渐进的步骤。

孟子说："身居下位而得不到长官的支持，是不可能治理好百姓的。要得到长官的支持有方法，如果不被朋友信任，就得不到长官的支持了。要被朋友信任有方法，如果侍奉父母未能让父母高兴，就不会被朋友信任了。要让父母高兴有方法，如果反省自己却不够真诚，就无法让父母高兴了。要真诚反省自己有方法，如果不明白什么是善，就不能真诚反省自己了。"

由此可知，一个人若想在社会上成就功业，必须依序做到"获于上，信于友，事亲悦，反身诚，明乎善"。以"明乎善"为基础，是因为人性向善，所以若不明白什么是善，就将错过人性的内涵。然后，这一系列修养的关键在于"诚"。孟子接着说："因此，真诚是天的运作模式，追求真诚是人的正确途径。极端真诚而不能使人感动，是不曾有过的事；如果没有真诚，是绝不能让人感动的。"

我们常说，"精诚所至，金石为开"，因为**人与人之间只要真诚，将会产生互相感动的力量，进而展现向善的人性，促成社会整体的和谐。**

　原文

　　孟子曰："居下位而不获于上，民不可得而治也。获于上有道，不信于友，弗获于上矣。信于友有道，事亲弗悦，弗信于友矣。悦亲有道，反身不诚，不悦于亲矣。诚身有道，不明乎善，不诚其身矣。是故诚者，天之道也；思诚者，人之道也。至诚而不动者，未之有也；不诚，未有能动者也。"（《离娄篇上》）

# 坚持人生正途

# 不是好辩

　　一名学生向孟子问道："外面的人都说先生喜欢辩论，请问这是为什么呢？"孟子说："我难道喜欢辩论吗？我是出于不得已啊！"

　　接着，孟子叙述古代历史的发展，描写先民如何经历自然界洪水猛兽的灾难，以及暴君的欺压虐待。幸好每隔一段时间就有圣贤出现，拯救苍生于水火之中。在孟子看来，暴政的源头是偏差的思想，所以他要借着言论匡正天下人的观念。

　　他说："天下的言论，不是归向杨朱一派，就是归向墨翟一派。杨朱主张一切都为自己，这是无视于君主的存在；墨翟主张爱人不分差等，这是无视于父母的存在。无视于父母与君主的存在，那就成了禽兽了。"这段话的重点是要从思想的起源，界定人生的正确途径。因为"偏邪的思想从心里产生，就会误导他的行事；在行事上表现出来，就会危害他的政治"。

如果杨朱与墨翟的言论普遍流行开来，国与家都没有存在的理由了，人类社会的瓦解也就指日可待了。孟子对此感到忧惧，所以才奔走呼号，希望大家重视孔子的思想，体察个人内在向善的力量，重新建立正常的社会秩序。

原文

公都子曰："外人皆称夫子好辩，敢问何也？"孟子曰："予岂好辩哉？予不得已也。……天下之言，不归杨则归墨。杨氏为我，是无君也；墨氏兼爱，是无父也。无父无君，是禽兽也。……杨、墨之道不息，孔子之道不著，是邪说诬民，充塞仁义也。仁义充塞，则率兽食人，人将相食。吾为此惧。闲先圣之道，距杨、墨，放淫辞，邪说者不得作。作于其心，害于其事；作于其事，害于其政。"

（《滕文公篇下》）

# 追随三圣

孟子谈论自己的志向时，特别提及了三位圣人。

他说："从前大禹制服了洪水而使天下太平，周公驱逐夷狄、赶走猛兽而使百姓安宁，孔子编写《春秋》而使叛乱之臣与不孝之子感到害怕。……我也想端正人心，消灭邪说，批驳偏颇的行为，排斥荒诞的言论，以此来继承三位圣人的事业，这难道是喜欢辩论吗？我是不得不如此的。能够以言论批驳杨朱、墨翟的，才是圣人的追随者啊。"

三位圣人中，孔子的作为显然是孟子可以直接仿效的，因为大禹与周公皆有天子的地位与权力，不像孔子是以学说作出他的贡献。孟子如何描写孔子呢？

他说："到了后来，社会纷乱，正道不明，荒谬的学说、暴虐的行为又纷纷出现了。有大臣杀君主的，有儿子杀父亲的。孔子感到忧惧，编写了《春秋》。《春秋》对历史人物作评价，原是天子的职权。所以孔子说：'了解我的，大概就在于这部《春秋》吧！怪罪我的，大概就在于这部《春秋》吧！'"

孟子的志业是要效法孔子，为天下人展示正确的人生途径。至于具体的作为，则有待我们进一步去了解。

### 原文

孟子曰："……世衰道微，邪说暴行有作。臣弑其君者有之，子弑其父者有之。孔子惧，作《春秋》。《春秋》，天子之事也。是故孔子曰：'知我者，其惟《春秋》乎！罪我者，其惟《春秋》乎！'……昔者禹抑洪水而天下平；周公兼夷狄，驱猛兽，而百姓宁；孔子成《春秋》，而乱臣贼子惧。《诗》云：'戎狄是膺，荆、舒是惩，则莫我敢承。'无父无君，是周公所膺也。我亦欲正人心，息邪说，距诐行，放淫辞，以承三圣者；岂好辩哉？予不得已也。能言距杨、墨者，圣人之徒也。"（《滕文公篇下》）

# 援之以道

　　孟子经常发表政治见解，但是一直没有机会实现他的想法。原因之一是他不愿与昏庸的国君妥协，不肯屈就一个官位来谋求俸禄。有些人不了解他，认为他是袖手旁观。

　　淳于髡说："男女之间不亲手递接东西，这是礼制的规定吗？"孟子说："是礼制的规定。"淳于髡说："如果嫂嫂掉在水里，要用手去拉她吗？"孟子说："嫂嫂掉到水里而不去拉她，就是豺狼了。男女之间不亲手递接东西，这是礼制的规定；嫂嫂掉在水里则用手去拉她，这是变通的办法。"

　　淳于髡说："现在天下的人都掉到水里去了，先生却不肯伸手，为什么呢？"孟子说："天下的人掉在水里，要用正道去救；嫂嫂掉在水里，要用手去救。你难道想用手去救天下的人吗？"

　　在此有两点值得注意。一是在遵守礼制的同时，不可忽略变通的做法，所以嫂嫂落水，必须用手去拉，这是救人一命。二是如果天下人都落水，就是天下大乱而民不聊生时，就须以正道来救了。孟子的学说所代表的就是正道，若不实行他的见解而只派他去做官，效果不但大打折扣，并且也太委屈孟子了。所以，孟子宁可坚持自己的风格。

**原文**

淳于髡（kūn）曰："男女授受不亲，礼与?"孟子曰："礼也。"曰："嫂溺，则援之以手乎?"曰："嫂溺不援，是豺狼也。男女授受不亲，礼也；嫂溺援之以手者，权也。"曰："今天下溺矣，夫子之不援，何也?"曰："天下溺，援之以道；嫂溺，援之以手。子欲手援天下乎?"（《离娄篇上》）

# 不见诸侯

　　孟子很想有一番作为，但是又不愿主动去谒见诸侯。他曾以孔子的孙子子思为例，说明自己的原则。

　　他说："鲁缪公屡次去拜访子思，说：'古代拥有千辆兵车的国君去与士人交朋友，是什么情况呢?'子思很不高兴，说：'古人有句话，是说国君以士人为师而侍奉他，怎能说是与他交朋友呢?'子思所以不高兴，难道不是说：'论地位，你是国君，我是臣下，我怎么敢与你交朋友呢? 论德行，那么你应该把我当老师来侍奉，怎么可以与我交朋友呢?'"

　　孟子的意思是：国君拥有一个国家的最高权力，他可以任用士人为大臣，但是未必可以与士人交朋友。交友需要志同道合。以鲁缪公为例，他以为自己是国君，与子思交往是绰绰有余的，甚至可以传为美谈。然而，在子思眼中，鲁缪公虽然地位崇高，但是德行乏善可陈，实在够不上朋友的水准。

孟子显然肯定子思的原则，所以特别重视诸侯对他的礼数。如果礼数不够，就表示缺乏诚意，随便把他当成部下来使唤。既然如此，孟子又何必自贬身价，光是求官而未必可以实现理想呢？

### 原文

〔孟子〕曰："……缪公亟（qì）见于子思，曰：'古千乘之国以友士，何如？'子思不悦，曰：'古之人有言，曰事之云乎，岂曰友之云乎？'子思之不悦也，岂不曰：'以位，则子，君也；我，臣也；何敢与君友也？以德，则子事我者也，奚可以与我友？'"（《万章篇下》）

# 民贵君轻

　　孟子处于战国时代，君权无限高涨，百姓连生命都缺乏保障；但是他居然可以石破天惊，说出"民贵君轻"的话，千载之下，仍有震撼之力。

　　他说："百姓是最重要的，土谷之神位居其次，国君的分量最轻。所以，得到百姓的拥护就能做天子，得到天子的信任就能做诸侯，得到诸侯的赏识就能做大夫。诸侯危害了土谷之神，就要改立诸侯。牺牲是肥壮的、谷物是洁净的，又是按时祭祀的，然而还是遭遇旱灾水灾，那就改立土谷之神。"

　　百姓是国家的基础与主体，如果他们受到虐待，为什么不能起而革命，另立一个可以造福百姓的国君呢？夏、商、周三代之间的承启，不就是历史上的例证吗？其次，所谓"社稷"，是指土谷之神，因为古人相信神明的庇佑，所以定期举行祭祀。如果祭祀都合乎规矩而仍然出现水灾旱灾，那么就要改立土谷之神了。由此可见，神明固然是人们所信赖的，但是他们也须完成照顾百姓的任务。

孟子的思想，可以称为"贵民"或"民本"，但是尚未达到"民主"的程度。如果顺着此一思想去发展，要接受今日所推行的民主制度，并不会让人感到意外。

民贵君轻

**原文**

孟子曰："民为贵，社稷次之，君为轻。是故得乎丘民而为天子，得乎天子为诸侯，得乎诸侯为大夫。诸侯危社稷，则变置。牺牲既成，粢（zī）盛既絜（jié），祭祀以时，然而旱干水溢，则变置社稷。"（《尽心篇下》）

# 君臣相待

孟子谈到君臣关系时，提出了跨时代的见解，就是君与臣之间的伦理是相互对待的。

他说："君主看待臣下如同自己的手足，臣下看待君主就会如同自己的腹心；君主看待臣下如同狗与马，臣下看待君主就会如同路边人；君主看待臣下如同泥土草芥，臣下看待君主就会如同仇敌。"

在专制君主眼中，这三句话简直是大逆不道，难怪后来明太祖朱元璋想把孟子赶出孔庙，不让他受人祭祀。事实上，孟子说得很有道理。世间任何关系，除了父母与子女这一伦以外，都是可逆的，亦即必须互相对待，而不能仅仅要求单方面顺从。譬如，遇到国君暴虐无道，念书人不必做官受他凌辱，却不妨隐居山林，逍遥自在。如果真正为百姓设想，则在时机与条件成熟时，也可以起而革命，顺天应人。

由孟子的言论看来，君主拥有主动权，可以选
择如何对待臣下；至于臣下，则不必逆来顺受，而
可以采取对应的态度，以腹心对手足，以路人对犬
马，以寇雠对土芥，让君主知所警惕，不可胡作非
为。这种观点在今日民主时代依然有效，孟子的智
慧不禁让人佩服。

**原文**

　　孟子告齐宣王曰："君之视臣如手足，则臣视君如腹
心；君之视臣如犬马，则臣视君如国人；君之视臣如土芥，
则臣视君如寇雠。"（《离娄篇下》）

# 不畏权贵

　　孟子口中的"大人"有两种意思：一是德行完备的人，二是政治上的权贵。他对后者不但不推崇，反而直接指出各项缺点。

　　他说："向权贵进言，就要轻视他，不要把他高高在上的样子放在眼里。殿堂几丈高，屋檐几尺宽，如果我得志，不会这么做。酒菜摆满一大桌，几百姬妾在侍候，如果我得志，不会这么做。饮酒作乐，驰骋打猎，追随的车子上千辆，如果我得志，不会这么做。在他所做的，我都不会做；在我所做的，都符合古代制度，我为什么怕他呢？"

　　孟子三次提及"我得志，弗为也"，表示他如果从政，绝不贪求物质生活上的享受，而要学习古代的圣君贤相，一心一意为百姓服务。人的价值，不在于权力大小与财富多少，因为这些都是可得可失，甚至操纵在别人手中的。人的价值，在于他是否尽力实现人性向善的潜能，以自己的智能为人群服务，对社会有所贡献。

当然，权贵之中也有奉公守法、尽忠职守的，那么他们应该得到百姓的肯定与感激。我们可以尊敬他们，但是仍然不必畏惧他们。

不畏权贵

**原文**

孟子曰："说大人，则藐之，勿视其巍巍然。堂高数仞，榱（cuī）题数尺，我得志，弗为也。食前方丈，侍妾数百人，我得志，弗为也。般乐饮酒，驱骋田猎，后车千乘，我得志，弗为也。在彼者，皆我所不为也；在我者，皆古之制也，吾何畏彼哉？"（《尽心篇下》）

# 有志之士

在战国时代，有一批聪明人，靠着辩论技巧，获得君主的信任，在各国之间倡言合作或对抗，成为万方瞩目的焦点人物。他们被称为"纵横家"，有时主张"合纵"（联合各国去对付秦国），有时呼吁"连横"（游说各国去服从秦国）。这些人可以称为"大丈夫"吗？

景春说："公孙衍、张仪难道不是真正的大丈夫吗？他们一发怒，诸侯就害怕，他们安居家中，天下就太平无事。"

然而，孟子认为，这些人不过是善于察言观色，顺从国君的心意，再投机取巧、买空卖空，与国君周旋而毫无原则，最终目的只是个人的利益而已，怎能算是大丈夫呢？

真正的大丈夫是："居住于天下最宽广的住宅，站立于天下最正确的位置，行走于天下最开阔的道路；能实现志向，就同百姓一起走上正道；不能实现志向，就独自走在正道上。富贵不能让他耽溺，贫贱不能让他变节，威武不能让他屈服，这样才叫做大丈夫。"

这几句话清楚肯定了：**大丈夫应该以仁德（广居）、守礼（正位）、义行（大道）为原则，以为民服务为目标，操守坚定而不受环境变迁所影响。**有志之士应该熟记这几句琅琅上口的名言。

有志之士

**原文**

景春曰："公孙衍、张仪岂不诚大丈夫哉？一怒而诸侯惧，安居而天下熄。"孟子曰："是焉得为大丈夫乎？……居天下之广居，立天下之正位，行天下之大道；得志，与民由之；不得志，独行其道。富贵不能淫，贫贱不能移，威武不能屈，此之谓大丈夫。"（《滕文公篇下》）

# 豪杰之士

我们对于社会风气即使不太满意，也常常抱着观望的态度。一方面我们觉得自己人单势孤，一杯水救不了一车柴的大火；另一方面我们总是盼望会出现伟大的政治领袖，由他先登高一呼，我们再来群起响应。

孟子提出更积极的建议，他说："等待周文王出现之后，才振作起来的，是一般百姓。至于真正杰出的人，即使没有周文王出现，也能奋发图强。"

商朝末年时，纣王暴虐无道，百姓陷于水深火热之中。这时许多人躲在民间，逃到海边，甚至藏入深山之中，他们在等待周文王揭竿起义，以求众志成城。

那么，怎样才有资格称为"豪杰之士"呢？孟子的意思，其实不仅是指具体的革命行动，而主要是指一个人在修养上可以卓然自立。换言之，在周文王尚未出现之前，大多数人若不与商纣同流合污，就是灰心丧志，认为世间没有公平与正义，善恶并无适当的报应。等到周文王起来号召百姓之后，人们才再度走上人生正途。

因此，**所谓豪杰之士，就是不管时代是光明还是黑暗，也不论是否有圣贤出现，他都可以自立自强。**他为自己负责，要陶冶自己的人格趋于完美的境界。

**原文**

孟子曰："待文王而后兴者，凡民也。若夫豪杰之士，虽无文王犹兴。"（《尽心篇上》）

# 肯定狂狷

人的性格各不相同，但是修养的方向与步骤是一样的，都是要成为言行适中的人，而在过程中，则有狂者与狷者之别。狂者奋发上进，狷者有所不为。

孟子引申孔子的观点，认为我们在交友时，可以分三个层次向上提升。首先是结交狷者，他们不屑于做坏事，洁身自好，虽然有些保守，但是至少维护了人格尊严。一个人如果不够狷介，遇到诱惑时如何抵抗呢？

其次，要结交狂者，"他们志向高远，开口就说：'古人啊，古人啊！'考察他们的行为，却与他们的言论未必吻合"。言论代表了理想，行为则须不断修正改善。狂放之士勇于陈述理想，是为了提醒自己不可松懈，我们又何必任意加以嘲讽？

当然，最高层次的朋友是"言行适中的人"，他们的表现是当狂则狂，当狷则狷，并且言行皆能配合身份、角色与情况，简直是人生修养的极致典型了。孟子心目中的孔子，正是这样的人物。

我们在渴望结交这些朋友时，首先要反省自己，是否立志从狷者做起，一步步提升自己。如果自己缺乏志向而不思长进，又怎能与这样的益友志趣相投呢？

**原文**

孟子曰："孔子'不得中道而与之，必也狂狷（juàn，同"狷"）乎！狂者进取，狷者有所不为也'。孔子岂不欲中道哉？不可必得，故思其次也。"……曰："其志嘐嘐（xiāo）然，曰：'古之人！古之人！'夷考其行，而不掩焉者也。狂者又不可得，欲得不屑不洁之士而与之，是狷也，是又其次也。"（《尽心篇下》）

# 批判乡愿

孔子说："走过我的门口而不进我的屋子，我不感到遗憾的，大概只有乡愿吧！乡愿是伤害道德的人。"

孟子继续发挥孔子的观点，全面批判了乡愿。他说："这种人，要指摘他，举不出具体的事；要责骂他，也没什么可责骂的，他顺从流行的风潮，迎合污浊的社会，为人好像忠诚老实，做事好像方正干净，大家都喜欢他，他也认为自己很好，却不可能同他一起实践尧、舜的正道，所以说也是伤害道德的人。"

乡愿的问题在于缺乏真诚，以至丧失行善的动力与热忱，一切只求迎合大家的需求，变成不辨是非的好好先生，实在太可惜了。乡愿表面看来像是善人，其实不然。

孟子说："孔子说过：'要厌恶似是而非的东西：

厌恶莠苗，是担心它混淆了禾苗；厌恶卖弄聪明，是担心它混淆了义行；厌恶犀利口才，是担心它混淆了真实；厌恶郑国的乐曲，是担心它混淆了雅乐；厌恶紫色，是担心它混淆了正红色；厌恶乡愿，是担心他混淆了道德。'君子要使一切事物回复到恒常的正道罢了。正道确立了，百姓就会振作起来；百姓振作起来，就不会出现邪恶的事了。"这番话反复说明乡愿之害，值得我们戒惕。

### 原文

〔孟子〕曰："……孔子曰：'过我门而不入我室，我不憾焉者，其惟乡原乎！乡原，德之贼也。'"……曰："非之无举也，刺之无刺也，同乎流俗，合乎污世，居之似忠信，行之似廉洁，众皆悦之，自以为是，而不可与入尧、舜之道，故曰'德之贼'也。孔子曰：'恶似而非者：恶莠，恐其乱苗也；恶佞，恐其乱义也；恶利口，恐其乱信也；恶郑声，恐其乱乐也；恶紫，恐其乱朱也；恶乡原，恐其乱德也。'君子反经而已矣。经正，则庶民兴；庶民兴，斯无邪慝矣。"（《尽心篇下》）

# 三种快乐

在证明儒家学说的正确性时，不能忽略一点，就是：它能否让人活得快乐？孟子认为答案是肯定的，并且特别指出有三种快乐是超过人人羡慕的"称王天下"的。

他说："君子有三种快乐，而称王天下并不包括在内。父母都健康，兄弟无灾无难，这是第一种快乐；对上无愧于天，对下无愧于人，这是第二种快乐；得到天下的优秀人才而教育他们，这是第三种快乐。君子有三种快乐，而称王天下并不包括在内。"

稍加引申如后。首先，"父母俱存，兄弟无故"的快乐，在于人有父母才可尽孝，有兄弟姊妹才可尽悌，由此推扩到其他人身上，称为顺其自然。在实现人性向善的要求时，父母家人不仅合乎自然情感的愿望，也提供了实现人性的基础，这不是一大快乐吗？

其次，人如果对天敬畏而谦卑，对人尊重而体谅，没有做什么愧怍之事，心地坦荡光明，不是快乐无比吗？然后，"英才"是指有上进心的青少年，我们能将自己的专长与心得传授给他们，使他们奋发上进，精益求精，也连带促成整个社会的良性发展，更是何乐不为啊！

这三种快乐是每一个人都可以珍惜及品味的，由此亦可证明孟子的观点是可信的。

### 原文

孟子曰："君子有三乐，而王天下不与存焉。父母俱存，兄弟无故，一乐也；仰不愧于天，俯不怍于人，二乐也；得天下英才而教育之，三乐也。君子有三乐，而王天下不与存焉。"（《尽心篇上》）

效法圣贤典型

# 圣之清者

　　圣人是我们平凡人的典型，那么，谁可以算是圣人？他们又有什么样的表现？孟子曾经比较四位圣人，就是伯夷、伊尹、柳下惠与孔子，说明四人各自所拥有的特色，值得我们一一深入了解，本文先由伯夷谈起。

　　"伯夷，眼睛不看邪恶的事物，耳朵不听邪恶的话语。不是理想的君主，不去服事；不是理想的百姓，不去使唤。天下安定就出来做官，天下动乱就退而隐居。施行暴政的国家，住有暴民的地方，他都不愿去居住。他觉得与没有教养的乡下人相处，就像穿戴礼服礼帽坐在泥土炭灰上一样。在商纣当政时，他住在北海的海边，等待天下的清明。因此，听说了伯夷作风的人，贪婪的变得廉洁了，懦弱的立定志向了。"

　　由此可知，伯夷是个向往清高的人，绝不愿意降低自己的标准。他宁可躲在北海边，也不肯出来从政；等到周武王革命成功，他宁可与弟弟叔齐逃到首阳山上，最后挨饿而死。因为在他看来，连周武王的革命也是不够理想的作为。

他所树立的典型是清高，宛如洁白无瑕的美玉，足以提振许多人的心志，起而追求廉洁自爱。

**原文**

孟子曰："伯夷，目不视恶色，耳不听恶声。非其君不事，非其民不使。治则进，乱则退。横政之所出，横民之所止，不忍居也。思与乡人处，如以朝衣朝冠坐于涂炭也。当纣之时，居北海之滨，以待天下之清也。故闻伯夷之风者，顽夫廉，懦夫有立志。"（《万章篇下》）

# 圣之任者

圣人之中，有一位以承担责任而闻名的，就是商汤的宰相伊尹。

"伊尹说：'对任何君主都可以服事，对任何百姓都可以使唤。'天下安定出来做官，天下动乱也出来做官，并且说：'天生育了这些百姓，就是要使先知道的去开导后知道的，使先觉悟的去启发后觉悟的。我是天生育的百姓中先觉悟的人，我将用尧、舜的这种理想来使百姓觉悟。'他觉得天下的百姓中，如果有一个男子或一个妇女没有享受到尧、舜的恩泽，就像是自己把他们推进山沟里一样。他就如此把天下的重任担在自己肩上。"

伊尹认为自己是"先知先觉之士"，他的理由何在？就在于他能率先领悟"尧舜之道"，亦即明白做人处事的正确道理。尧舜推行仁政，以身作则带领百姓奉行五伦，行善避恶，走在人生正途上。而尧舜的恩泽并不仅是国泰民安，社会和谐，更是鼓励每一个人因为行善而体验人生的意义，增益人生的价值。

伊尹出来辅佐商汤，取代了夏桀的暴政。他的功业至少在当时就直接造福了百姓，而他的责任感与使命感更为后代留下了不朽的榜样。

圣之任者

### 原文

〔孟子曰：〕"伊尹曰：'何事非君？何使非民？'治亦进，乱亦进。曰：'天之生斯民也，使先知觉后知，使先觉觉后觉。予，天民之先觉者也，予将以此道觉此民也。'思天下之民匹夫匹妇有不与被尧、舜之泽者，若己推而内之沟中。其自任以天下之重也。"（《万章篇下》）

# 圣之和者

　　圣人之中，有一位非常随和，对外在环境毫不在乎，自己本身又很有定力的人，就是柳下惠。

　　"柳下惠不以坏君主为羞耻，也不以官职低为卑下。入朝做官，不隐藏才干，但一定遵循自己的原则。丢官去职而不抱怨，倒霉穷困而不忧愁。与没有教养的乡下人相处，他态度随和而不忍心离开。'你是你，我是我，你即使在我旁边赤身裸体，又怎能玷污我呢？'所以，听说了柳下惠作风的人，狭隘的变得开朗了，刻薄的变得敦厚了。"

　　柳下惠有"坐怀不乱"的美名，据说他曾在郭门投宿，见一女子即将冻死，就以衣服裹住她直到天亮，而全无任何违礼的举动。由此可见他光明正大，不欺暗室，不仅有高尚的人格操守，也有过人的定力。我们无权要求别人，只能尽力做好自己分内的事。有时周遭的环境越复杂，面临的诱惑越

**强烈，也越能考验出自己的修养程度。** 柳下惠的行为正是人们的表率。

社会上如果缺乏像他这种随和的人，那么谁去帮助误入歧途的平凡人呢？听到有关他的故事，我们也不自觉变得更为开朗也更为宽厚了。

> 原文

〔孟子曰：〕"柳下惠不羞污君，不辞小官。进不隐贤，必以其道。遗佚而不怨，厄穷而不悯。与乡人处，由由然不忍去也。'尔为尔，我为我，虽袒裼（xī）裸裎（chéng）于我侧，尔焉能浼（měi）我哉？'故闻柳下惠之风者，鄙夫宽，薄夫敦。"（《万章篇下》）

# 圣之时者

在圣人之中，伯夷的特色是清高，柳下惠的特色是随和，正好代表两个极端。孟子虽然推崇他们为圣人，也指出各自的偏差。他说："伯夷器量狭隘，柳下惠态度不严肃。狭隘与不严肃，君子是不这么做的。"他并未谈及以负责知名的伊尹，大概是认为君子的责任感是必备的条件。现在，上场的是孔子。

"孔子离开齐国时，捞起正在淘洗的米就上路；离开鲁国时，却说：'我们慢慢走吧，这是离开祖国的态度。'应该速去就速去，应该久留就久留，应该闲居就闲居，应该做官就做官，这是孔子的作风。"

孔子是圣人之中最合时宜的，需要圣德与智慧配合。孟子说他是集圣人的大成，就像演奏音乐有始有终一般。"开始奏出旋律节奏，要靠智慧；最后奏出旋律节奏，要靠圣德。智慧有如技巧，圣德有如力气。就像在百步以外射箭，射到目标区，是靠你的力气；射中目标，就不是靠你的力气了。"

伯夷、伊尹、柳下惠三人的功夫都够，圣德皆无瑕疵，但是只有孔子可以射中目标，以灵活的智慧把握适当时机，无入而不自得，使生命犹如一首完美的乐曲。

原文

孟子曰："伯夷隘，柳下惠不恭。隘与不恭，君子不由也。"（《公孙丑篇上》）

〔孟子曰:〕"孔子之去齐，接淅而行；去鲁，曰：'迟迟吾行也，去父母国之道也。'可以速而速，可以久而久，可以处而处，可以仕而仕，孔子也。"

孟子曰："伯夷，圣之清者也；伊尹，圣之任者也；柳下惠，圣之和者也；孔子，圣之时者也。孔子之谓集大成。集大成也者，金声而玉振之也。金声也者，始条理也；玉振之也者，终条理也。始条理者，智之事也；终条理者，圣之事也。智，譬则巧也；圣，譬则力也。由射于百步之外也，其至，尔力也；其中，非尔力也。"（《万章篇下》）

# 孔子从政

孔子从政做官是在他五十岁以后的事，前后不过六年就辞去官职，周游列国。这些事迹记载于《论语》中。

由于孟子提供的资料，我们才知道孔子在年轻时也曾出任公职，但都是些低级的小吏。孟子借题发挥，说出一番从政的道理。

他说："做官不是因为贫穷，但有时候也是因为贫穷。娶妻不是为了奉养父母，但有时候也是为了奉养父母。因为贫穷而做官的，就该不做大官而做小官，拒绝厚禄只取薄俸。不做大官而做小官，拒绝厚禄只取薄俸，那么做什么才合宜呢？守门打更都可以。孔子曾经做过管理仓库的小吏，他说：'账目核对无误就行了。'又曾经做过管理牲畜的小吏，他说：'牛羊长得肥壮就行了。'地位低下而议论朝廷大事，是罪过；在君主的朝廷上做官而正道无法推行，是耻辱。"

在什么职位，就做好什么事，这是分工合作的原则。人人各尽其责，社会自然安定。孔子以前为了生活而做事，不愿越级去管国家大事。他后来担任大夫，推行正道受到阻碍，就毅然决然离职出国，希望在别处可以实现他的理想。理想能否实现是另一回事，忠于自己的良知则是不能打折扣的。

原文

孟子曰："仕非为贫也，而有时乎为贫；娶妻非为养也，而有时乎为养。为贫者，辞尊居卑，辞富居贫。辞尊居卑，辞富居贫，恶乎宜乎？抱关击柝（tuò）。孔子尝为委吏矣，曰：'会（kuài）计当而已矣'。尝为乘田矣，曰：'牛羊茁壮长而已矣'。位卑而言高，罪也；立乎人之本朝而道不行，耻也。"（《万章篇下》）

# 大人风范

　　孟子所谓的"大人"，除了指称政治上的权贵之外，主要是用来称呼德行完备的人。这样的人有什么特别之处呢？

　　他说："德行完备的人，不会失去他婴儿般纯真的心思。"这就是著名的"赤子之心"的说法。赤子之心是纯朴、真诚、易感，对人信赖关怀，并且充满希望、永不沮丧的。保有此心的人总是想要帮助群体、改善社会，并且只问耕耘不问收获。除此之外，大人还有高明的智慧与杰出的才干，所以不会轻易受骗上当。

　　其次，孟子又说："德行完备的人，说话不一定都兑现，做事不一定有结果，但是全部以道义为依归。"在此所谓的"义"，是"宜"的意思，要配合适当的情况，作出正确的抉择，找出"应该"的所在。人间事务一直在变迁发展之中，如果没有通权

达变的能力，言行都可能陷入困境，甚至为了守信
而伤害道义。

　　由此可知，大人是人群中出类拔萃的代表，他
一方面像婴孩一样纯真而有活力，同时又有坚持原
则及随机应变的能力，总是走在道义的正路上。**我
们也可以由保存赤子之心开始，学习大人风范。**

　　**原文**

　　孟子曰："大人者，言不必信，行不必果，惟义所在。"

　　孟子曰："大人者，不失其赤子之心者也。"（《离娄篇
下》）

# 为政之道

关于政治，古人依身份与角色而有三种说法：天子与诸侯在主导政治，称为"为政"；卿（相当于总理）负责统筹及制定政策，称为"执政"；大夫（相当于部长）则分工合作，称为"从政"。孟子谈论古代圣王的为政作风，可谓各具特色又有一贯的原则。

他说："大禹讨厌美酒而喜欢合理的言论。商汤把握公正原则，选拔贤人没有固定的方法。周文王看待百姓有如他们受了伤，总是抚慰；望着正道却像没有看见，总是上进。周武王不轻慢身边的臣子，也不遗忘远方的臣子。周公想要融合三代圣王表现，实践上述四方面的美德；如果有不合当时情况的，就仰起头思考，夜以继日；侥幸想通了，就坐着等候天亮，立即去实践。"

夏朝的禹，商朝的汤，周朝的文王与武王，都是开国明君。到了周公则想集其大成，制礼作乐，为国家奠下恒久的基业。他的名字是"旦"，正好符合"坐以待旦"的表现，力图使整个社会进入光天化日的理想阶段。后来孔子即以他为楷模，经常"梦见周公"。现在经由孟子的解说，可知周公何以值得我们推崇。**为政之道，就是要承担责任，想办法让百姓善度此生。**

> **原文**

　　孟子曰："禹恶旨酒而好善言。汤执中，立贤无方。文王视民如伤，望道而未之见。武王不泄迩，不忘远。周公思兼三王，以施四事；其有不合者，仰而思之，夜以继日；幸而得之，坐以待旦。"（《离娄篇下》）

# 舜之大孝

孟子推崇最多并且叙述最详的古人是舜。舜的生平遭遇与德行修养也确实与众不同。

孟子说:"天下的人都十分高兴,要来归顺自己,但是把这一切看成像草芥一样的,只有舜是如此。不能得到父母的欢心,没有办法做人;不能顺从父母的心意,没有办法做儿子。舜竭尽全力孝顺父母,终于使他的父亲瞽瞍高兴了;瞽瞍高兴了,天下的人也受到了感化;瞽瞍高兴了,天下父子之间的伦常也就确定了。这叫做大孝。"

瞽瞍对舜如何?众所周知,简直是坏到极点。但是舜依然无怨无恨,并且更用心思去孝顺。人间的各种关系中,只有"父母与子女"这一伦是命中注定而不可违逆的。换言之,无论父母的作为如何,子女都不能忘记或放弃自己的孝心。这是人之大伦。年轻人也许很难认同这样的观念,但是年轻人将来也有可能为人父母；并且，**如果不以孝顺作为人类社会的首善，那么人类生命代代相传的危机将立即浮现，进而导致其他人伦关系也将陷于困境。**

　　孟子特别肯定舜的作为是大孝，原因就是舜把孝顺父母看得比当帝王更为重要。舜的孝顺成为天下人的表率之后，要使天下太平就很容易了。

> **原文**

　　孟子曰："天下大悦而将归己，视天下悦而归己，犹草芥也，惟舜为然。不得乎亲，不可以为人；不顺乎亲，不可以为子。舜尽事亲之道，而瞽瞍厎（dǐ）豫。瞽瞍厎豫而天下化，瞽瞍厎豫而天下之为父子者定，此之谓大孝。"

（《离娄篇上》）

# 人饥己饥

在孔子心目中，大禹治水有功，后稷负责农业，都是值得称赞的；但是，他的学生颜回能在极其困苦的环境中保持快乐的心境，也同样值得称赞。

孟子引申此一观点，说："大禹、后稷、颜回所取的原则是相同的。大禹想到天下的人有溺水的，就好像是自己让他们溺水的一样；后稷想到天下的人有挨饿的，就好像是自己让他们挨饿的一样，所以才会那么急迫地要去拯救。大禹、后稷、颜回如果互相交换处境，所做的事也会一样的。假定现在有同住一屋的人打架，为了阻止他们，即使披散着头发戴上帽子而未系帽带，也是可以的。如果是同乡的邻人打架，也披散着头发戴上帽子而未系帽带就赶去阻止，那就是糊涂了；这时即使关上门不管，也是可以的。"

圣贤的用心是一样的，具体做法则要依环境与条件而定，所以颜回如果从政，应该也会有杰出的政绩。孟子在文中所举的"打架"例子，是要强调大禹与后稷没有逃避的余地，必须奋不顾身去拯救百姓；相对于此，颜回则身处乱世，没有机会去改变天下的大势，因而也只能"住在破旧的巷子里，靠着一竹筐饭、一瓜瓢水活下去"。这三位人物的际遇不同，但是都尽了自己的责任。

### 原文

禹、稷当平世，三过其门而不入，孔子贤之。颜子当乱世，居于陋巷，一箪食，一瓢饮，人不堪其忧，颜子不改其乐，孔子贤之。孟子曰："禹、稷、颜回同道。禹思天下有溺者，由己溺之也；稷思天下有饥者，由己饥之也，是以如是其急也。禹、稷、颜子，易地则皆然。今有同室之人斗者，救之，虽被（pī）发缨冠而救之，可也；乡邻有斗者，被发缨冠而往救之，则惑也；虽闭户可也。"（《离娄篇下》）

# 士的尊严

　　孟子是名闻天下的学者，但是他不愿主动谒见诸侯。弟子请教原因时，他说："在古代，不是诸侯的臣属，不去谒见诸侯。段干木跳墙躲开魏文侯，泄柳关门不接待鲁缪公，这么做都太过分了。如果执意要见，也就可以相见。"可见他并不会太拘泥。接着他谈到孔子的一段故事。

　　他说："阳货希望孔子去见他，又怕被人说成失礼。按礼节规定，大夫赐赠礼物给士，士未能在家接受，就须前往大夫家拜谢。阳货探听到孔子不在家时，送去一只蒸熟的小猪；孔子也探听到阳货不在家时，才登门拜谢。在那个时候，阳货先来拜访，孔子怎能不去见他呢？"

　　诸侯与大夫都是权贵，他们如果以合礼的方式向士人致意，士人没有理由要拒人于千里之外。反之，如果缺乏诚意，只是想利用别人，那么士人将会维护自己的尊严。

　　孟子继续引述两位孔门弟子的话，来描写这种虚情假意的画面。他说："曾子说：'耸起双肩，装出讨好的笑脸，真比夏天在田里工作更难受。'子路说：'心趣不合还要交谈，看他脸上羞惭的样子，这不是我所能了解的。'由此看来，君子平日如何修养自己，就可以知道了。"读书人必须有所为也有所不为。

### 原文

　　公孙丑问曰："不见诸侯何义？"孟子曰："古者不为臣不见。段干木逾垣而辟之，泄柳闭门而不纳，是皆已甚；迫，斯可以见矣。阳货欲见孔子而恶无礼；大夫有赐于士，不得受于其家，则往拜其门。阳货瞰（kàn）孔子之亡也，而馈孔子蒸豚；孔子亦瞰其亡也，而往拜之。当是时，阳货先，岂得不见？曾子曰：'胁肩谄笑，病于夏畦（qí）。'子路曰：'未同而言，观其色赧赧（nǎn）然，非由之所知也。'由是观之，则君子之所养，可知已矣。"（《滕文公篇下》）

# 孔门弟子

《孟子》书中,有一段描写孔子去世之后,学生们守丧及怀念老师的情节。今日读来仍然使人感动。

孟子说:"从前,孔子逝世,弟子守丧三年之后,收拾行李准备回家,走进子贡住处作揖告别,相对痛哭,大家都泣不成声,然后才离去。子贡又回到墓地重新筑屋,独居三年,然后才回家。"

古人按规矩要为父母守丧三年,而孔子门生主动为老师守丧三年,等于是以老师为父母。这些学生都是成年人,愿意暂时放下个人的家庭与事业,对老师表示无限的哀思与崇敬,此情此景令人动容。子贡还继续一人在墓边独居三年,可谓充分尽到弟子的心意了。

孟子又说:"一段时日之后,子夏、子张、子游认为有若的言行举止很像孔子,就想用侍奉孔子的礼节去侍奉他,并且勉强曾子同意。曾子说:'不行。

经过江水、汉水洗涤过，盛夏的太阳曝晒过，洁白明亮无以复加了!'"曾子的意思是：孔子的德行是不可替代的。我们怀念老师，应该学习他的榜样，而不是找个言行举止像他的人，作为崇拜的偶像。孟子引述这些资料，是为了表彰孔门弟子，也是为了鼓励世人奋发有为，自立自强。

## 原文

〔孟子曰:〕"……昔者孔子没，三年之外，门人治任将归，入揖于子贡，相向而哭，皆失声，然后归。子贡反，筑室于场，独居三年，然后归。他日，子夏、子张、子游以有若似圣人，欲以所事孔子事之，强曾子。曾子曰：'不可。江汉以濯之，秋阳以暴之，皜皜（hào）乎不可尚已。'"（《滕文公篇上》）

# 养志为要

随着年龄的增长，一个人的角色也逐渐演变，那么在人际相处上有何优先顺序？并且，在一生中最须持守的又是什么？

孟子说："哪一种侍奉最重要？侍奉父母最重要；哪一种守护最重要？守护自身最重要。不丧失自己的节操而能侍奉父母的，我听说过；丧失自己的节操还能侍奉父母的，我没有听说过。谁能不侍奉别人？侍奉父母是一切侍奉的根本；谁能不守护别人？守护自身是一切守护的根本。"那么，事亲与守身如何结合呢？他以曾子为例。

他说："曾子奉养他的父亲曾皙时，每餐一定有酒有肉；撤除食物时，一定要请示剩下的给谁；父亲问有没有多余的，他一定说：'有。'曾皙死后，曾元奉养他的父亲曾子，每餐也必定有酒有肉；但是撤除食物时，不再请示剩余的给谁；父亲问有没有多余的，他就说：'没有了。'准备留到下一顿再给父亲吃。这叫做奉养父亲的口腹。像曾子那样，才可称为奉养父亲的心意。侍奉父母做到像曾子那样，就可以了。"

　　"养志"是指奉养父母的心意，就是按其心意去行善积德，使事亲与守身相与并进，人生也将日趋美好。

　　原文

　　孟子曰："事，孰为大？事亲为大；守，孰为大？守身为大。不失其身而能事其亲者，吾闻之矣；失其身而能事其亲者，吾未之闻也。孰不为事？事亲，事之本也；孰不为守？守身，守之本也。曾子养曾皙，必有酒肉；将彻，必请所与；问有余，必曰：'有。'曾皙死，曾元养曾子，必有酒肉；将彻，不请所与；问有余，曰：'亡矣。'将以复进也。此所谓养口体者也。若曾子，则可谓养志也。事亲若曾子者，可也。"（《离娄篇上》）

# 真诚相待

孟子不但极力推崇舜的德行，并且多次为他的行为提出辩护。譬如，舜的父亲瞽瞍，以及后母所生的弟弟象，曾经联手企图加害他，而他依然努力孝顺父亲并友爱弟弟；尤其以友爱弟弟来说，是不是出于真诚之心呢？

一名学生提出质疑说："父母叫舜修理谷仓，等他上了屋顶就抽掉梯子，父亲瞽瞍还放火烧谷仓。他们又叫舜去疏通水井，然后把井口盖起来，却不知舜从旁边挖洞出来了。舜的弟弟象说：'谋害舜都是我的功劳，牛羊分给父母，粮食分给父母，干戈归我，琴归我，弓归我，让两个嫂嫂替我整理床铺。'象走进舜的屋子，舜坐在床边弹琴。象说：'我真是想念你啊！'神情颇为尴尬。舜说：'我惦念着这些臣下和百姓，你替我去管理吧。'我不清楚舜是真的不知道象要杀害他吗？"

孟子说："怎么会不知道呢？不过，看到象忧愁，他也忧愁，看到象高兴，他也高兴。"他稍后又说："象装着敬爱兄长的样子来了，舜就真心相信而喜欢他，有什么假装的地方呢？"

舜以真诚相待，最后感化了父亲与弟弟。**人际关系的品质，在于自己先表达真诚，然后才可求其提升。**

## 原文

万章曰："父母使舜完廪（lǐn），捐阶，瞽瞍焚廪。使浚（jùn）井，出，从而揜（yǎn）之。象曰：'谟盖都君咸我绩，牛羊父母，仓廪父母，干戈朕，琴朕，弤（dǐ）朕，二嫂使治朕栖。'象往入舜宫，舜在床琴。象曰：'郁陶思君尔！'忸怩。舜曰：'惟兹臣庶，汝其于予治。'不识舜不知象之将杀己与？"〔孟子〕曰："奚而不知也？象忧亦忧，象喜亦喜。"……曰："……彼以爱兄之道来，故诚信而喜之，奚伪焉？"（《万章篇上》）

# 辨析义理之乐

# 修养六境

孟子在评论一名学生的修养程度时，谈到了六个层次，由低而高，依序是：善、信、美、大、圣、神。

他说："值得喜爱的行为，叫做善；自己确实做到善，叫做真；完完全全做到善，叫做美；完完全全做到善，并且发出光辉照耀别人，叫做大；发出光辉并且产生感化群众的力量，叫做圣；圣到人们无法理解的程度，叫做神。"

首先，"可欲之谓善"，"可欲"是就"心"之可欲而言，因为心是人的大体。并且，心是向善的力量，因此人生最直接的第一阶段的成就，即是行善。其次，"有诸己之谓信"，由于人性向善，所以唯有亲自实践了善行，才可称为真诚或真正的人。信即是真。

第三步，"充实之谓美"，"充实"是指在行善方面没有任何欠缺，时时刻刻，念兹在兹。这种美显然是指人格之美；美有圆满之意。然后，自身充实之后，德行会发出光辉照耀别人，称为"大"。我们描述大人为德行完备的人，原因在此。接着，"圣人"可以化民成俗，亦即展现大而化之的效应。至于"神"，既然是"不可知之"，孟子为何要加以肯定？原因即是不可为人设限，同时也为"天人合德"的妙境保留了可能性。

**原文**

〔孟子〕曰："可欲之谓善，有诸己之谓信，充实之谓美，充实而有光辉之谓大，大而化之之谓圣，圣而不可知之之谓神。"（《尽心篇下》）

# 善是什么

人有自由，可以行善也可以为恶。那么，为什么大家都说"应该"行善避恶呢？在孟子看来，人性是向善的，所以人应该行善。他的证明方式之一，是指出每一个人都有"心"，其表现为"不忍人"，亦即不忍别人受苦。这种内在的要求，是与生俱有的。

因此，谈到人生修养时，首先出现的价值就是"善"，所谓"可欲之谓善"。可欲是依"心"来说的，否则物质享受与荣华富贵不也是可欲的吗？人的心，所爱好的是"理"与"义"。理是合理性，义是正当性；凡是合理及正当的，不就是善的吗？

在具体指出善的内容时，孟子会以人伦为例，就是我们熟知的"五伦"：父子有亲，君臣有义，夫妇有别，长幼有序，朋友有信。古人推行教育时，主要内涵即是五伦。这表示：人性虽然向善，但是若无合宜的教育，一般人仍然可能误入歧途。

所以，在肯定"可欲之谓善"时，必须让人心排除世俗的各种诱惑，恢复其自然状态，表现其内在的要求，就是要求自己也去行善。**做人的第一步，要从爱好善行开始，这一步走对了，才有可能往上继续提升。**

原文

孟子曰："人皆有不忍人之心。"（《公孙丑篇上》）

孟子曰："……故理义之悦我心，犹刍豢之悦我口。"（《告子篇上》）

〔孟子曰：〕"……圣人有忧之，使契（xiè）为司徒，教以人伦：父子有亲，君臣有义，夫妇有别，长幼有序，朋友有信。"（《滕文公篇上》）

# 信是什么

孟子在"可欲之谓善"之后，接着说"有诸己之谓信"，意思是：在自己身上确实做到了善，叫做真。"信"字有三义，就是：守信，如"朋友有信"与"言不必信"；伸直，如"屈而不信"；验证，如"信能行此五者"。在此，论及修养，所指为"真实"。

人的真实，可以由他说话是否守信，言行是否合一来判断，这时考量的是人的外在表现。更深刻的考量，要看他是否符合人所"应该"有的作为。既然人性向善，那么人所应该有的作为自然就是行善了。不过，行善有两种可能：一是为了某种外在理由而行善；二是出于内在的自我要求而行善。只有第二种行善，才具有道德上的价值。

所谓道德上的价值，是说行善由内而发，将会使行动者本身产生变化；这种变化完全符合人性的正常发展，因为人性是向善的。换言之，人性与生

俱有行善的潜能与动力，所以行善时，一个人才是
"真正的人"，也才是真正走在人生正途上。

　　善与真之间的密切关系，显示了儒家的基本立
场。人行善是忠于自己（真实）；人只要真实面对
自己，自然就会由衷地主动去行善。

　　**原文**

　　孟子曰："大人者，言不必信，行不必果，惟义所在。"
（《离娄篇下》）

　　孟子曰："今有无名之指屈而不信，非疾痛害事也，如
有能信之者，则不远秦楚之路，为指之不若人也。"（《告子
篇上》）

　　孟子曰："……信能行此五者，则邻国之民仰之若父母
矣。"（《公孙丑篇上》）

# 美是什么

在"善"与"信"之后，孟子说："充实之谓美。"在修养的层次上，为什么谈到"美"呢？

一般使用"美"字，是指外观美丽，如"木若以美然"（棺木好像太美了吧），或指境界美妙，如"道则高矣，美矣"（人生正道既高尚又美好）；另外，"美"与"善"也有相通之处，如我们熟知的"里仁为美"（见《论语·里仁》。居住在民风淳厚的地方是最理想的）。但是，现在是在"真"之上所展示的"美"，它又是何义呢？

西方有"真的不美，美的不真"之说，因为他们所谓的"真"，是指言论与事实之间的符合。譬如，你把一事或一物描写得天花乱坠，美妙无比，那么它怎么可能全部属实呢？真相往往是让人失望的，原因就在它不会如同想像中的那么美好。

为了明白"充实之谓美"，要知道"充实"是指

"完完全全做到善"。无论在任何时候、任何地方，一有机会行善，自己就须主动由内而发地去行善，没有任何欠缺或勉强。如此一来，这样的人成为完全真实的人，亦即成为人的典型。试问，用"美"字去形容人的典型，不是很恰当吗？当然，这种美侧重于人格的完美，而不是艺术审美中的意思。孟子谈的是修养，如果人格不够完美，或者如果不侧重于人格之美，不是文不对题吗？

### 原文

充虞请曰："前日不知虞之不肖，使虞敦匠事。严，虞不敢请。今愿窃有请也：木若以美然？"（《公孙丑篇下》）

公孙丑曰："道则高矣，美矣，宜若登天然，似不可及也；何不使彼为可几及，而日孳孳也？"（《尽心篇上》）

# 大的意义

孟子谈到"大"时，以"充实而有光辉"来描写，意思是：一个人完完全全做到了"善"，并且因而发出光辉，可以照耀别人。因此，人格修养抵达"大"的阶段时，就像鹤立鸡群，出类拔萃，远远超出一般人之上，成为众人仰望的对象。

不过，当时已经习惯以"大人"描写位高权重的政治人物，所以孟子会有"说大人，则藐之"的说法，意思是：向权贵进言，就要轻视他。原因是这一类大人只知追求物质生活的享受，而忘记自己照顾百姓的职责，更谈不上心灵上的修养了。

孟子认为士人应该提升自己的志向，那么志向要如何定呢？他说："志于仁德与义行罢了。杀一个无罪的人，就不合乎仁德；不是自己该有的却去取来，就不合乎义行。居住之处在哪里？就是仁德；行走之路在哪里？就是义行。居住于仁德，顺着义行走，德行完备的人所该做的事就齐全了。"

"大人"是指德行完备的人，他的表现是"居仁由义"，亦即符合人性向善的要求，并且实践有了成效，可以光照别人，使社会安定和谐，并且共同走向理想。

**原文**

孟子曰："说大人，则藐之，勿视其巍巍然。"（《尽心篇下》）

孟子曰："尚志。"……"仁义而已矣。杀一无罪非仁也，非其有而取之非义也。居恶在？仁是也；路恶在？义是也。居仁由义，大人之事备矣。"（《尽心篇上》）

# 圣的意义

修养到了"圣"的境界，有什么具体的表现呢？孟子说："大而化之之谓圣。"所谓"大"是指"充实而有光辉"，除了可以光照众人，还产生了"化"的力量，亦即"化民成俗"，感化百姓并且形成善良风气。

孟子说："圣人是一百代人的老师，伯夷、柳下惠就是这样的人。因此，听说了伯夷作风的人，贪婪的变得廉洁了，懦弱的立定志向了；听说了柳下惠作风的人，刻薄的变得敦厚了，狭隘的变得开朗了。他们在百代以前奋发有为，百代以后听说他们的事迹的人没有不振作起来的。不是圣人能够有这样的影响力吗？对百代以后的人尚且如此，何况是对当时亲身受过他们熏陶的人呢？"

圣人是天人之间的中介。一方面，圣人是人类的典型；另一方面，天道要靠圣人才会展现。孟子合而观之，说："人的形体容貌是天生的，只有圣人可以完全实践这种形体容貌的一切潜能。"

我们与圣人是同类的，所以孟子要肯定"人皆可以为尧舜"。既然如此，我们应该深具自信，并且自重自爱，也要努力把自己的"心"的潜能充分实现出来，向着成圣的目标前进。

**原文**

孟子曰："圣人，百世之师也，伯夷、柳下惠是也。故闻伯夷之风者，顽夫廉，懦夫有立志；闻柳下惠之风者，薄夫敦，鄙夫宽。奋乎百世之上，百世之下，闻者莫不兴起也。非圣人而能若是乎？而况于亲炙之者乎？"（《尽心篇下》）

孟子曰："形色，天性也；惟圣人，然后可以践形。"（《尽心篇上》）

曹交问曰："人皆可以为尧舜，有诸？"孟子曰："然。"（《告子篇下》）

# 神的意义

　　"神"是修养六境中的最高层次，究竟它所指的是什么？孟子说："圣而不可知之之谓神。""圣"是"大而化之"，已经化民成俗了；那么，再往上提升到"不可知之"，又是什么意思？

　　"神"常指受享祭祀的鬼神。孟子说过："派舜主持祭祀，百神都来享受祭品。"这样的神，是德行、智慧与能力都超过人类的，包括人类的祖先在内。但是，论及修养，"神"应该是指神妙的境界，无法以言语形容，所以称之为"不可知之"。

　　孟子有一次谈到霸主的百姓与圣王的百姓，在圣王的治理下，百姓"被杀了却不怨恨，得到好处却不感激，百姓每天趋向于善却不知道谁使他们这样"。接着，孟子说："真正的君子，经过之处都会感化百姓，心中所存则是神妙莫测，造化之功与天地一起运转，这可以说是小小的补益吗？"

在此所谓的君子，其实代表了圣王，而他的作为有"感化百姓"的效果，正是"大而化之之谓圣"。进而他心中所存的是"神"，亦即给与自己一个无限提升的空间，向往一个无限伟大的世界，造化之功可以辅助天地。

**原文**

　　〔孟子〕曰："使之主祭，而百神享之，是天受之……"（《孟子·万章篇上》）

　　孟子曰："霸者之民，驩（huān）虞如也。王者之民，皞皞（hào）如也。杀之而不怨，利之而不庸，民日迁善而不知为之者。夫君子所过者化，所存者神，上下与天地同流，岂曰小补之哉?"（《尽心篇上》）

# 天的功能

《孟子》全书提及"天"字的地方，多达八十余处。这其中有不少是在引用《诗经》、《尚书》时出现的，表明他是继承古人的观念与用法。

古人谈到"天"时，主要的意思是至高主宰。这个主宰首先是造生万物，然后维持其存在；并且对于人类，还要安排"君与师"，选派国君来治理，老师来教导，如此才能带来安定与和谐。帝王称为"天子"，理由即在于此。

然而，天子若是失德，百姓何去何从？改朝换代的情况出现了，但依然要归之于"天命"。到了孔子，宣称他是"五十而知天命"，自此以后，读书人的使命感得以确立。孟子显然接受这种观点，所以会说："天还不想让天下太平吧，如果想让天下太平，在今天这个时代，除了我还有谁呢？"由此可见，天意难测。

譬如，关于帝王的位子，孟子说："天要授予贤良的人，就授予贤良的人；天要授予君主的儿子，就授予君主的儿子。"因此，对人而言，难测的天意又无异于"命"，好像不是人们可以完全理解的。即使如此，孟子依然肯定人要尽力而为，实践内心向善的要求，以了解天，进而侍奉天，"修养自己来等待任务，就是建立使命的正确方法"。

> **原文**

〔孟子〕曰："……夫天未欲平治天下也。如欲平治天下，当今之世，舍我其谁也?"（《公孙丑篇下》）

孟子曰："……天与贤，则与贤；天与子，则与子。"（《万章篇上》）

孟子曰："尽其心者，知其性也。知其性，则知天矣。存其心，养其性，所以事天也。夭寿不贰，修身以俟之，所以立命也。"（《尽心篇上》）

# 命的限制

"命"的原意是命令，有所指示、规定、限制或教诲；可以引申为人的遭遇。人的一生总有许多事与愿违的情况，既不是理性可以推测得到，也没有经验可供参考，只能归之于命了。由于万物的本源是"天"，所以天与命的关系是不可分的。

孟子说："没有人去做的，居然成功了，那是天意；没有人去找的，居然来到了，那是命运。"这样的命，是我们必须接受的吗？孟子还有更完整的解释。

他说："没有一样遭遇不是命运，顺着情理去接受它正当的部分；因此，了解命运的人不会站在倾斜的危墙底下。尽力行道而死的，是正当的命运；犯罪受刑而死的，不是正当的命运。"

所谓"顺受其正"，所根据的是"情理"，凡是合乎情理的就接受。如此就不会轻易冒险，也不会犯罪被判死刑。但是，若要尽力行道，则不必在乎死亡的威胁。孟子主张"舍生取义"，就是合乎此一原则的。

**人生的重大挑战之一，是把命运转化为使命，就是不论自己的遭遇如何，都要择善固执，追求止于至善，这种使命感将带给人莫大的快乐。**

原文

孟子曰："……莫之为而为者，天也；莫之致而至者，命也。"（《万章篇上》）

孟子曰："莫非命也，顺受其正；是故知命者不立乎岩墙之下。尽其道而死者，正命也；桎梏死者，非正命也。"（《孟子·尽心篇上》）

# 乐莫大焉

哲学家的理论是否正确，最后必须落实于生活中加以验证。验证的考量之一是：这位哲学家是否快乐？并且，他的快乐是否人人皆可体验？

孟子说："一切在我身上都齐备了。反省自己做到了完全真诚，就没有比这更大的快乐了。努力实践推己及人的恕道，就没有更近的路可以达到仁德了。"

首先，什么是"万物皆备于我"？我的身体不是非常渺小的物质体吗？但是我的心灵却可以让我在任何情况下都安顿下来。只要我反省自己是完全真诚的，"仰不愧于天，俯不怍于人"，心中坦然，不是快乐无比吗？这种快乐由内而发，并且源源不绝，不仅展现人格的尊严，也为人生带来无比的勇气以及无限的希望。

这种快乐就是实践仁德的要求，因为仁德是人

性之所向、人心之所欲。如何具体去做呢？答案是
"强恕而行"，就是努力实践推己及人的恕道。"仁"
字由"二"与"人"所组成，表示个人不能脱离群
体；"恕"字由"如"与"心"所组成，表示将心比
心、互相尊重。**人生必须行仁，行仁要靠恕道。这
不仅是社会教化的内涵，也是个人在自我实现的
过程中的必经之途。真正这么做，将会体验到莫
大的快乐。**

> ## 原文

　　孟子曰："万物皆备于我矣。反身而诚，乐莫大焉。强
恕而行，求仁莫近焉。"（《尽心篇上》）

　　孟子曰："君子有三乐，而王天下不与存焉。父母俱
存，兄弟无故，一乐也；仰不愧于天，俯不怍于人，二乐
也；得天下英才而教育之，三乐也。君子有三乐，而王天
下不与存焉。"（《尽心篇上》）